房地产经营与管理丛书

房地产估价

主　审　周正辉
主　编　韩华丽　杜转萍
副主编　尹爱飞　李盼盼

东北大学出版社
·沈阳·

ⓒ 韩华丽　杜转萍　2018

图书在版编目（CIP）数据

房地产估价 / 韩华丽，杜转萍主编. -- 沈阳：东北大学出版社，2018.7
　　ISBN 978-7-5517-1947-6

　　Ⅰ. ①房… Ⅱ. ①韩…②杜… Ⅲ. ①房地产价格—估价 Ⅳ. ①F293.352

中国版本图书馆 CIP 数据核字（2018）第 160220 号

出　版　者：东北大学出版社
　　　　　　地址：沈阳市和平区文化路三号巷 11 号
　　　　　　邮编：110819
　　　　　　电话：024-83687331（市场部）　83680267（社务部）
　　　　　　传真：024-83680180（市场部）　83680265（社务部）
　　　　　　网址：http://www.neupress.com
　　　　　　E-mail：neuph@neupress.com

印　刷　者：沈阳航空发动机研究所印刷厂
发　行　者：东北大学出版社
幅面尺寸：185 mm×260 mm
印　　张：11.25
字　　数：239 千字
出版时间：2018 年 7 月第 1 版
印刷时间：2018 年 7 月第 1 次印刷
策划编辑：向　阳
责任编辑：孙　锋　邱　静
责任校对：朱　虹
封面设计：潘正一

ISBN 978-7-5517-1947-6　　　　　　　　　　　　　　　　　定　价：35.00 元

"房地产经营与管理丛书"编委会

主　任　周正辉
副主任　尹爱飞　费文美
编　委　(按姓氏音序排列)
　　　　　陈　港　陈　玲　陈　倩　杜转萍
　　　　　韩华丽　李本里　李盼盼　钱安利
　　　　　汪　良　肖景橙　许　萍　杨　娜
　　　　　袁笑一　张海念

前　言

本教材是房地产开发与管理、房地产经营与估价、资产评估与管理等专业的核心专业课教材。根据统计结果分析发现，目前市面上在售的房地产估价教材非常多。有的教材是房地产估价行业资深专家编写的，有的教材是某高等院校专业教师编写的；有的教材适合本科或更高层次的学生使用，有的教材则专门针对高职、高专院校学生所编写；有的教材理论性非常强，是传统的以知识体系为主要内容的教材，有的教材则专门针对实训环节而编写。

对比分析以上各类教材，会发现这些教材存在两个共同特点：一是依然无法摆脱以传统的知识体系为主线的编写思路；二是实训教材与知识体系融合度不高。

本教材最典型的特点是以工作过程中的某项目为载体展开的，教材内容不但包含传统的知识点，而且包括如何将这些知识点运用到不同工作情境中的具体指导步骤。本教材突破了传统的将知识点按照知识体系罗列的思路，对课程的知识点进行了重新梳理、整合，形成以房地产开发流程为主线、以房地产开发经营中的典型工作情境为载体，根据开发过程中各节点的房地产状况不同，依次巧妙贯穿相应的知识点和估价方法的全新思想为特点的编写思路。这样，一方面可以让学生通过反复练习熟练掌握知识点，另一方面可以培养学生用同一种方法解决不同问题的独立思考的能力。

本教材由校企合作完成，由房地产经营与管理专业委员会副主任周正辉担任主审，由重庆房地产职业学院房地产经营与管理专职教师联合编写。

本教材在编写过程中，杜转萍负责第一部分和第二部分中项目一的撰写；李盼盼负责第二部分中项目二和项目六的撰写；尹爱飞负责第二部分中项目三的撰写；韩华丽负责第二部分中项目四和项目五的撰写。

  本教材得到了重庆市2014年重大课题"基于MOOC的翻转课堂教学模式研究与实践"的资金支持。

  由于编者水平有限，本教材中难免有不足之处，恳请广大读者批评指正。

编 者

2018年1月

目　　录

第一部分　房地产估价基础知识 ……………………………………(001)

第一节　房地产估价要素 …………………………………………(001)
一、估价当事人 …………………………………………………(001)
二、估价目的 ……………………………………………………(002)
三、价值时点 ……………………………………………………(003)
四、估价对象 ……………………………………………………(003)
五、价值类型 ……………………………………………………(004)
六、估价依据 ……………………………………………………(005)
七、估价假设 ……………………………………………………(005)
八、估价原则 ……………………………………………………(005)
九、估价程序 ……………………………………………………(006)
十、估价方法 ……………………………………………………(006)
十一、估价结果 …………………………………………………(007)

第二节　常见目的的房地产估价 …………………………………(007)
一、国有土地使用权出让价格评估 ……………………………(007)
二、房地产转让价格评估 ………………………………………(008)
三、房地产抵押价值评估 ………………………………………(009)
四、房地产征收、征用估价 ……………………………………(010)
五、房地产拍卖底价评估 ………………………………………(011)
六、房屋租赁价格评估 …………………………………………(012)
七、房地产纠纷估价 ……………………………………………(014)
八、房地产保险估价 ……………………………………………(016)
九、房屋质量缺陷鉴定与评定 …………………………………(017)
十、房地产项目融资评估 ………………………………………(018)
十一、企业各种经济活动中房地产估价的类型 ………………(019)

十二、估价的假设前提和估价方法的选用 …………………………………… (020)
第三节 房地产价格和价值的种类 ……………………………………………… (020)
一、价值、使用价值和交换价值 …………………………………………… (020)
二、成交价格、市场价格、理论价格和评估价值 ………………………… (021)
三、市场价值、投资价值、谨慎价值、快速变现价值、在用价值和
残余价值 …………………………………………………………………… (022)
四、买卖价格、租赁价格、抵押价值、保险价值、计税价值和征收价值
…………………………………………………………………………… (023)
五、市场调节价、政府指导价和政府定价 ………………………………… (024)
六、基准地价、标定地价和房屋重置价格 ………………………………… (025)
七、土地价格、建筑物价格和房地价格 …………………………………… (025)
八、总价格、单位价格和楼面地价 ………………………………………… (026)
九、名义价格和实际价格 …………………………………………………… (027)
十、起价、标价、成交价和均价 …………………………………………… (027)
十一、评估价、保留价、起拍价、应价和成交价 ………………………… (028)

第二部分 房地产估价实务 …………………………………………………… (029)

项目一 期房价格评估 …………………………………………………………… (029)
【学习目标】 ………………………………………………………………… (029)
【项目概述】 ………………………………………………………………… (029)
任务一 运用市场比较法评估期房价格 ………………………………… (030)
【学习目标】 ……………………………………………………………… (030)
【项目概述】 ……………………………………………………………… (030)
【知识平台】 ……………………………………………………………… (031)
一、市场比较法概述 ……………………………………………………… (031)
二、搜集交易实例 ………………………………………………………… (033)
三、选取可比实例 ………………………………………………………… (034)
四、建立价格可比基础 …………………………………………………… (035)
五、交易情况修正 ………………………………………………………… (037)
六、市场状况调整 ………………………………………………………… (038)
七、房地产状况调整 ……………………………………………………… (040)
八、比准价格的求取 ……………………………………………………… (041)
【任务实施】 ……………………………………………………………… (042)
一、制定估价作业方案 …………………………………………………… (042)

二、搜集估价所需资料 ……………………………………………… (043)
三、实地查勘估价对象 ……………………………………………… (044)
四、测算估价对象价值 ……………………………………………… (046)
  任务二 运用长期趋势法评估期房价格 ………………………… (050)
【学习目标】 ……………………………………………………… (050)
【项目概述】 ……………………………………………………… (050)
【知识平台】 ……………………………………………………… (051)
一、长期趋势法概述 ………………………………………………… (051)
二、长期趋势法——数学曲线拟合法 ……………………………… (051)
【任务实施】 ……………………………………………………… (053)
【练习题】 ………………………………………………………… (055)
 项目二 二手住宅评估 ……………………………………………… (056)
【学习目标】 ……………………………………………………… (056)
【项目概述】 ……………………………………………………… (056)
【知识平台】 ……………………………………………………… (057)
一、交易情况修正的含义 …………………………………………… (057)
二、交易税费非正常负担的修正 …………………………………… (058)
【任务实施】 ……………………………………………………… (060)
一、制定估价作业方案 ……………………………………………… (060)
二、搜集估价所需资料 ……………………………………………… (060)
三、实地查勘估价对象 ……………………………………………… (061)
四、测算估价对象价值 ……………………………………………… (066)
【练习题】 ………………………………………………………… (070)
 项目三 商铺评估 …………………………………………………… (071)
【学习目标】 ……………………………………………………… (071)
【项目概述】 ……………………………………………………… (071)
【知识平台】 ……………………………………………………… (072)
一、收益法概述 ……………………………………………………… (072)
二、报酬资本化法的公式 …………………………………………… (073)
三、收益期限的确定 ………………………………………………… (087)
四、净收益的测算 …………………………………………………… (088)
五、报酬率的求取 …………………………………………………… (092)
【任务实施】 ……………………………………………………… (095)
一、制定估价作业方案 ……………………………………………… (095)

二、搜集估价所需资料 …………………………………………… (095)
三、实地查勘估价对象 …………………………………………… (096)
四、测算估价对象价值 …………………………………………… (099)
【练习题】 ……………………………………………………………… (101)
项目四　在建工程评估 …………………………………………………… (102)
【学习目标】 ……………………………………………………………… (102)
【项目概述】 ……………………………………………………………… (102)
【知识平台】 ……………………………………………………………… (104)
一、在建工程认识 ………………………………………………… (104)
二、成本法概述 …………………………………………………… (106)
三、房地产价格的构成 …………………………………………… (106)
四、成本法的计算公式 …………………………………………… (109)
五、重新购建价格的求取 ………………………………………… (110)
六、建筑物折旧的求取 …………………………………………… (112)
七、房屋完损等级评定 …………………………………………… (117)
【任务实施】 ……………………………………………………………… (118)
一、制定估价作业方案 …………………………………………… (118)
二、搜集估价所需资料 …………………………………………… (119)
三、实地查勘估价对象 …………………………………………… (120)
四、测算估价对象价值 …………………………………………… (123)
【练习题】 ……………………………………………………………… (129)
项目五　土地评估 ………………………………………………………… (131)
【学习目标】 ……………………………………………………………… (131)
【项目概述】 ……………………………………………………………… (131)
任务一　假设开发法评估地价 …………………………………………… (133)
【学习目标】 ……………………………………………………………… (133)
【任务描述】 ……………………………………………………………… (133)
【知识平台】 ……………………………………………………………… (134)
一、假设开发法概述 ……………………………………………… (134)
二、假设开发法的计算公式 ……………………………………… (136)
三、现金流量折现法和传统方法 ………………………………… (137)
四、假设开发法测算中各项的求取 ……………………………… (138)
五、假设开发法例题 ……………………………………………… (141)
六、假设开发法在房地产投资中的作用 ………………………… (147)

【任务实施】 …………………………………………………………………… (148)
一、制定估价作业方案 ………………………………………………………… (148)
二、搜集估价所需资料 ………………………………………………………… (149)
三、实地查勘估价对象 ………………………………………………………… (150)
四、测算估价对象价值 ………………………………………………………… (153)
任务二 基准地价修正法评估地价 ……………………………………………… (155)
【学习目标】 …………………………………………………………………… (155)
【任务描述】 …………………………………………………………………… (155)
【知识平台】 …………………………………………………………………… (156)
一、基准地价修正法的含义 …………………………………………………… (156)
二、基准地价的特点 …………………………………………………………… (156)
三、基准地价修正法的适用范围 ……………………………………………… (157)
四、基准地价修正法的基本公式 ……………………………………………… (157)
【任务实施】 …………………………………………………………………… (157)
【练习题】 ……………………………………………………………………… (159)
项目六 估价报告写作 ……………………………………………………………… (160)
【学习目标】 …………………………………………………………………… (160)
【项目概述】 …………………………………………………………………… (160)
【任务描述】 …………………………………………………………………… (161)
【知识平台】 …………………………………………………………………… (161)
一、房地产估价报告的格式与主要内容 ……………………………………… (161)
二、房地产估价报告常见错误与注意事项 …………………………………… (163)

参考文献 ………………………………………………………………………… (167)

第一部分　房地产估价基础知识

第一节　房地产估价要素

房地产估价要素包括估价当事人、估价目的、价值时点、估价对象、价值类型、估价依据、估价假设、估价原则、估价程序、估价方法、估价结果等内容。

一、估价当事人

估价当事人是指一个估价项目中与估价活动有直接关系的单位和个人，包括估价委托人、估价机构和估价师。其中，估价委托人是估价服务的直接需求者和直接对象，估价机构和估价师是估价服务的提供者。

（一）估价委托人

估价委托人简称委托人，俗称客户，是指直接向估价机构提出估价需求，与估价机构订立估价委托合同的单位或个人。委托人有义务向估价机构如实提供其知悉的估价所必要的资料，例如，估价对象的权属证明、财务会计信息，并对所提供的资料的真实性、合法性和完整性负责；有义务协助估价师搜集估价所必要的资料及对估价对象进行实地查看等工作；不得干预估价人员和估价机构的估价行为和估价结果。

要注意估价对象权利人、估价利害关系人、估价报告使用者、估价委托人之间的区别和联系。估价对象权利人是指估价对象的所有权人、使用权人、抵押权人等权利人。估价利害关系人是指估价结果的客观合理与否会直接影响其利益的单位或个人。估价对象权利人一般是估价利害关系人，估价对象的潜在投资者、受让人往往也是估价利害关系人。估价报告使用者可能是估价对象权利人、债权人、投资者、受让人、政府及其有关部门和社会公众等。估价委托人不一定是估价对象权利人或估价报告使用者。委托人委托估价、获取估价报告的目的一般有三种：第一种是供自己使用，此时委托人同时也是估价报告使用者；第二种是提供给特定的第三方使用，例如，房地产抵押估价中，借款人是委托人，估价报告使用者是贷款人（如商业银行）；第三种是提供给不特定的第三方使用，例如，受上市公司委托出具的某些估价报告是提供给社会公众使用。委托人和估价报告使用者通常是估价利害关系人，但也有例外。例如，在为人民法院拍卖、变卖被查封的房地产的估价中，人民法院既是委托人也是估价报告使用者，但不是估价利害关系人。

（二）房地产估价机构

房地产估价机构简称估价机构，是指具备一定数量以上注册房地产估价师等条件，依法设立并取得房地产估价机构资质，从事房地产估价活动的专业服务机构。目前，《房地产估价机构管理办法》规定，房地产估价机构应当由自然人出资，以有限责任公司或者合伙企业形式设立；法定代表人或者执行合伙人是注册后从事房地产估价工作3年以上的房地产估价师；资质等级由低到高分为暂定期内的三级资质、二级资质、一级资质；不同资质等级房地产估价机构的业务范围按照估价目的划分，估价机构应当在其资质等级许可的业务范围内从事估价活动；房地产估价报告应由房地产估价机构出具。

（三）注册房地产估价师

注册房地产估价师简称房地产估价师、估价师，是指具有房地产估价知识和经验，取得房地产估价师执业资格证书，并按照《注册房地产估价师管理办法》注册，取得房地产估价师注册证书，从事房地产估价活动的专业人员。一名合格的房地产估价师应具有扎实的房地产估价理论知识、丰富的实践经验和良好的职业道德。具有扎实的理论知识和丰富的实践经验，是对其估价专业胜任能力的要求；具有良好的职业道德，是对其估价行为规范的要求。仅有理论知识而缺乏实践经验，难以得出符合实际的估价结果；仅有实践经验而缺乏理论知识，会只知其然而不知其所以然，难以对价值做出科学深入的分析和解释，更难以举一反三、触类旁通地分析和解决现实中不断出现的新的估价问题。理论知识和实践经验即使兼备，但如果没有良好的职业道德，也难以做出客观公正的估价。

目前，《房地产估价机构管理办法》规定，房地产估价师应当受聘于一个房地产估价机构，在同一时期只能在一个房地产估价机构从事房地产估价业务；房地产估价师不得以个人名义承揽房地产估价业务，应当由所在房地产估价机构接受委托并统一收费。

二、估价目的

估价目的，是指一个估价项目中委托人对估价报告或估价结果的预期用途。它取决于委托人对估价的实际需要，即委托人将要拿未来完成的估价报告或估价结果做什么用。例如，是为借款人向贷款银行提供抵押房地产价值证明或贷款银行判断抵押房地产价值提供参考依据，还是为房屋征收部门与被征收人确定被征收房屋价值的补偿、税务机关核定某种房地产税收的计税依据、保险公司衡量投保房屋的保险价值、人民法院确定拍卖房地产的保留价、房地产买卖双方协商成交价、政府确定划拨的建设用地使用权进入市场应补交的出让金等费用提供参考依据。

委托人一般不会无缘无故地花钱委托估价机构估价，肯定是为了某种需要才委托估价机构估价，因此，任何估价项目都有估价目的。一个估价项目通常只有一个估价目的，对房地产估价的不同需要及相应的估价目的可分为：房地产抵押、房地产征收征用、房地产税收、房地产保险、房地产转让、房地产租赁、国有建设用地使用权出让、房地产分割、房地产损坏赔偿、房地产争议调处、房地产司法鉴定、企业改制、资产重组、上市、产权转让、租赁、合资、合作、对外投资、合并、分立、清算，等等。在实际估价中，应根据委托人的具体需要，尽量对上述估价目的进行细分或者做进一步说明。例如，房地产征收征用估价，可分为房屋征收估价和房地产征用估价。房屋征收估价又可按照估价对象分为被征收房屋价值评估和用于产权调换房屋价值评估。房地产转让估价可按照转让方式分为买卖、互换、以房地产作价入股、以房地产出资设立企业、以房地产抵偿债务等估价。房地产买卖估价又可分为为买方确定出价、为卖方确定要价和为买卖双方协商成交价的估价。此外，还有房地产所有权人自愿的普通拍卖保留价评估、国有建设用地使用权出让人服务的估价和为投标人、竞买人等欲取得土地者服务的估价。

三、价值时点

价值时点也称为估价时点、价值日期，是指一个估价项目所评估的价值对应的时间，由于同一估价对象在不同的时间会有不同的价值，所以估价时必须弄清评估的是估价对象在哪个时间的价值。这个时间就是价值时点。价值时点不是随意确定的，它取决于估价目的，可以是过去、现在或未来的某个时间，一般为某个日期，用公历年、月、日表示。

四、估价对象

估价对象也称为被估价房地产，当其为房屋所有权和建设用地使用权等土地使用权以外的房地产权利时，如租赁权、地役权、抵押权时，也被称为被估价权益，是指一个估价项目中需要评估其价值的房地产及相关财产。估价对象由委托人和估价项目双重决定。房地产虽然在理论上只有土地、建筑物、土地与建筑物的综合体（简称房地，具体可表述为"建筑物及其占用范围内的土地"或者"土地及其上的建筑物"）三种基本形态，但现实中的估价对象是丰富多彩、复杂多样的。建筑物已开始建造但尚未竣工的房地产，即在建工程，可以成为估价对象；也有要求对正在开发建设或计划开发建设、但尚未出现的房地产，如期房（虽然称为期房，但实际上包括其占用范围内的土地）进行估价；还可能因民事纠纷或理赔等原因，要求对已灭失的房地产，如已被拆除或损毁的房屋进行估价。估价对象也可能是房地产的某个局部，如某幢房屋中的某个楼层、某幢住宅楼中的某套住房。估价对象还可能是房地产的现在状况与过去状况的差异部分，如在预售商品房的情况下购买人提前装饰装修的部分，在房屋租赁的情况下承租人装饰装修的部分。房地产估价中也可能含有房地产以外的、作为房地产的一种附属财产的价值，如为某个可供直接经营使用的宾馆、商场、餐馆、汽车加油站、高尔夫球场等的交易提供价值参考依据而估价，其评估价值除了包含该宾馆、商场、餐馆、汽车加油站、高尔夫球场等的建筑物及其占用范围内的土地的价值，通常还包含房地产以外的其他资产，如家具、电器、货架、机器设备等的价值，甚至包含特许经营权、商誉、客户基础、员工队伍、债权债务等的价值，即以房地产为主的整体资产价值评估或者称为企业价值评估。概括起来，房地产估价对象有土地、房屋、构筑物、在建工程、以房地产为主的整体资产、整体资产中的房地产等。

五、价值类型

价值类型是指一个估价项目中所评估的具体某种价值。估价虽然通常来讲是评估估价对象的价值，但因价值的种类较多，每种价值的内涵不同，并且在同一估价对象和同一估价时点下这些价值的大小一般也不相同，所以面对一个具体的估价项目，就不能笼统地说是评估估价对象的价值，而必须明确是评估哪种价值，包括价值的名称、定义或内涵。在一个估价项目中，价值类型不是可以随意确定的，而应根据估价目的来确定。

同一估价对象可以有不同类型的价值，即同一估价对象的价值不是唯一的。但同一估价对象的具体某种价值是其在相应的估价目的特定条件下所形成的正常值，理论上是唯一的。例如，同一宗房地产在买卖情况下虽然实际的成交价格有高有低，但客观上有其正常的买卖价格；在征收情况下虽然实际的补偿金额可能有多有少，但客观上有其合理的补偿金额；在抵押情况下虽然不同的人对抵押价值的高低有不同的见解，但客观上有其正常的抵押价值。而上述正常的买卖价格、合理的补偿金额、正常的抵押价值，彼此之间可能是不同的。

按价值的前提或内涵等实质内容来划分的价值类型，主要有市场价值、投资价值、谨慎价值、快速变现价值、在用价值和残余价值。其中，市场价值是最基本、最常用的价值类型。

六、估价依据

估价依据是指一个估价项目中估价所依据的法规、政策和标准，包括有关法律、行政法规、最高人民法院和最高人民检察院发布的有关司法解释、估价对象所在地的有关地方性法规、国务院所属部门颁发的有关部门规章和政策、估价对象所在地人民政府颁发的有关地方政府规章和政策，以及房地产估价的国家标准、行业标准、指导意见和估价对象所在地的地方标准等。例如，《中华人民共和国物权法》《中华人民共和国城市房地产管理法》《中华人民共和国土地管理法》《国有土地上房屋征收与补偿条例》的有关规定，以及《房地产估价规范》《国有土地上房地产抵押估价指导意见》《国有土地上房屋征收评估方法》等。

广义的估价依据还包括估价委托人提供的有关情况和资料，估价机构和估价师掌握、搜集的有关情况和资料。为了使估价委托人提供的有关情况和资料可靠，估价师应要求委托人如实提供其知悉的估价所需的估价对象权属证书、开发建设成本及运营收入和费用等情况和资料，并要求委托人声明其提供的情况和资料是真实、合法的，没有隐匿或虚报的情况；估价师还应当对委托人提供的有关情况和资料进行必要的核查。

还需要说明的是，估价标准特别是国家标准是估价的底线，是最基本或最低的要求。鼓励估价机构制定严于估价标准的企业标准，在实际估价中也要严于估价标准的要求，并在不违反有关法律法规和标准的前提下有所创新。

七、估价假设

估价假设是指一个估价项目中对估价所必要、但尚不能肯定、而又必须予以明确的前提条件所作的合理假定，以及对由估价目的决定的估价设定的估价对象状况与估价对象现状不同之处等所作的说明。例如，在评估一宗房地产开发用地的价值时，在该土地的建筑容积率等规划条件尚未确定的情况下，对其作出的合理假定。

合理且有依据地说明估价假设，既体现了一名合格的估价师的专业胜任能力，又反映了估价师的职业道德。其作用一方面是规避估价风险，保护估价师和估价机构；另一方面是告知、提醒估价报告使用人注意，保护估价报告使用人。

八、估价原则

估价原则是指人们在估价的反复实践和理论探索中，在认识价格形成和变动客观规律的基础上，总结和提炼出的一些简明扼要的进行估价所依据的法则或标准。在评估市场价值时，应遵循的估价原则主要有：①独立、客观、公正原则；②合法原则；③价值时点原则；④替代原则；⑤最高最佳利用原则。其中，独立、客观、公正是对估价的基本要求，它不仅是估价的基本原则，而且是估价的最高行为准则。但是，在评估市场价值、投资价值、谨慎价值、快速变现价值、在用价值和残余价值时，上述原则不全部适用，如评估在用价值不适用最高最佳利用原则，而评估谨慎价值还应遵循谨慎原则。

估价原则可以使不同的估价师对估价的基本前提具有一致性，对同一估价对象在同一估价目的、同一估价时点下的评估价值趋于相同或近似。

九、估价程序

估价程序是指保质、按时完成一个估价项目所需要做的各项工作及其进行的先后次序。房地产估价的基本程序是：①受理估价委托；②确定估价基本事项；③编制估价作业方案；④搜集估价所需资料；⑤实地查勘估价对象；⑥选用估价方法进行测算；⑦确定估价结果；⑧撰写估价报告；⑨审核估价报告；⑩交付估价报告；⑪保存估价资料。

通过估价程序可以看到一个估价项目开展的全过程，可以了解一个估价项目中各项工作之间的相互关系。履行必要的估价程序，是规范估价行为、保障估价质量、提高估价效率、防范估价风险的重要方面。

十、估价方法

房地产价值应采用科学的方法进行分析、测算和判断，不能仅凭经验进行主观推测。一宗房地产的价值通常可通过下列三个途径来求取。

（1）近期市场上相似的房地产是以什么价格进行交易的——基于理性的买者愿意出的价钱不会高于其他买者最近购买相似的房地产的价格，即基于相似的房地产的成交价格来衡量其价值。

（2）如果将该房地产出租或营业，预计可以获得多少收益——基于理性的买者愿意出的价钱不会高于该房地产的预期收益的现值之和，即基于该房地产的预期收益来衡量其价值。

（3）如果重新开发建设一宗相同或相似的房地产，预计需要多少费用——基于理性的买者愿意出的价钱不会高于重新开发建设相同或相似的房地产所必要的代价，即基于房地产的重新开发成本来衡量其价值。

由上述三个途径产生了三种基本估价方法，即市场比较法（也称为比较法、交易实例比较法）、收益法（也称为收益资本化法、收益还原法）和成本法。此外，还有一些其他估价方法，包括假设开发法（也称为剩余法、预期开发法、开发法）、长期趋势法、路线价法、基准地价修正法（也称为基准地价系数修正法）等。

每种估价方法都有其适用的估价对象和估价需要具备的条件。它们有时可以同时运用于同一估价对象，如商品住宅可同时采用市场比较法、收益法和成本法估价，以相互验证，但不应相互替代。不同的估计方法有时是互补的，如特殊厂房一般不适用市场比较法估价，但适用成本法估价；待开发的土地一般不适用成本法估价，但适用假设开发法和市场比较法估价；在建工程一般不适用市场估价法，但适用成本法和假设开发估价法。

十一、估价结果

估价结果是指估价师经过分析、测算和判断得出的估价对象价值及提供的相关专业意见。由于估价结果通常对委托人很重要，委托人可能对估价结果有所期望，甚至设法进行干预。但因估价工作的客观公正性质，估价师和估价机构不能在估价结果上让"客户满意"；不能在未估价之前就征求委托人或估价利害关系人对估价结果的意见，也不能在完成估价之前与他们讨论估价结果，因为这些有可能影响估价独立、客观、公正地进行；更不得为承揽估价业务而迎合委托人的高估或低估要求。

值得说明的是，虽然要求估价结果是合理的，但实际上的估价结果可能带有估价师的个人因素，受估价师的专业水平和职业道德的影响，并且所要求的合理的估价结果和实际上的估价结果又都可能与估价对象在市场上进行交易的成交价有所不同。出现这种情况的原因，不一定是估价结果有问题，而可能是成交价受到交易者的个别情况的影响，或者房地产市场状况和估价对象状况因成交日期与估价时点不同而发生了变化。

第二节 常见目的的房地产估价

一、国有土地使用权出让价格评估

国有土地使用权出让有协议、招标、拍卖和挂牌四种方式。国有土地使用权出让价格是指在政府土地使用权出让市场上形成价格。土地使用权出让价格是依靠《中华人民共和国城市房地产管理法》《中华人民共和国土地管理法》《中华人民共和国城镇国有土地使用权出让和转让暂行条例》以及当地制定的实施办法和其他有关规定，对土地使用权出让底价进行评估。

国有土地使用权出让价格评估与其他目的的估价相比，有以下特点。

1. 应采用公开市场价值标准

国有土地使用权出让是政府作为土地所有者参与的一种市场行为。例如，国有土地使用权拍卖属于自主性拍卖，拍卖的时机、底价都由土地出让方根据市场情况自主确定，如果未达到拍卖底价，出让方可以收回拍卖标的，另行拍卖。强制拍卖则不同，拍卖的时机是由强制执行者（列入法院）规定的，拍卖价格也是由强制执行者委托估价机构确定的，拍卖标的原业主对此完全没有发言权，即使拍卖不成功，强制执行者也可以采取其他方式执行，如将标的作价转让。因此，强制拍卖底价评估时要考虑短期内强制处分标的物时造成的价格折减，而土地使用权出让拍卖底价评估则可以完全采用公开市场价值标准。

2. 评估时点一般为估价作业日期以后某一时点

国有土地使用权出让价格的评估和确定，是其土地出让行为成立的必要前提和预先需要完成的必要程序。城市政府及其土地主管部门在对所在城市国有土地使用权出让前，需要对其宗地出让价格或出让底价进行评估。以拍卖方式出让国有土地使用权时，其拍卖底价价值时点为宗地拍卖出让日；以招标方式出让国有土地使用权时，其价值时点为宗地协议出让日；以划拨方式取得的土地使用权予以转让时，补交土地使用权的价值时点，为受让方可办理土地使用权出让手续开始日。

3. 不同出让方式可采用的估价方法

国有土地使用权出让价格评估为政策性评估范围。按照法律规定的四种土地出让方式，分别采用有针对性、适应性强的估价方法，是保障估价结果合理、合法的关键一步。以拍卖方式出让土地使用权时，宜重点采取市场比较法、假设开发法等评估方法。因为市场充分考虑了市场行情、市场承受力，而假设开发法则充分考虑了宗地自身使用情况、将来可能带来的土地收益；以协议方式出让土地使用权时，宜重点采用成本法、基准地价修正法等评估方法。由于出让方式是双方协定商议的结果，没有引入市场竞争机制，出让透明度不高，主观随意性较大，因此，在对此方式出让土地使用权的出让价格评估时，如其出让金额低于国家规定的最低价，则应依法调至国家规定的最低价，通常不低于按照土地的基础设施完备程度、平整程度等对应的正常成本价格。基准地价修正法也是对不同土地用途的成本反映或对成本的一定修正。

二、房地产转让价格评估

《中华人民共和国城市房地产管理法》第三十七条规定："房地产转让，是指房地产权利人通过买卖、赠与或者其他合法方式将其房地产转移给他人的行为。"《城市房

地产转让管理规定》对此概念中的"其他合法方式"做了一些细化,规定"其他合法方式"主要包括以下行为:

"(一)以房地产作价入股、与他人成立企业法人,房地产权属发生变更的;

(二)一方提供土地使用权,另一方或者多方提供资金,合资、合作开发经营房地产,而使房地产权属发生变更的;

(三)因企业被收购、兼并或合并,房地产权属随之转移的;

(四)以房地产抵债的;

(五)法律、法规规定的其他情形。"

房地产转让价格评估有以下几个特点。

(1)从价值时点上看,房地产转让估价多数是在转让前进行,价值时点则在估价作业日期之后。

(2)从委托人和评估主体上讲,房地产转让估价可以委托社会上任何一家值得委托人信任的评价机构评估,委托人既可能是买方和卖方单独委托,也可能是买卖双方共同委托,这是一种自愿行为。

(3)从估价目的和要求上讲,房地产转让评估只是为了了解、掌握房地产交易情况而进行的评估,其目的只是为了在进行房地产交易时有一个参考价格,它带有一种咨询性。如买方需要了解购买一宗房地产时,可能实现的最低价格;而卖方则需要了解出售房地产时可能实现的最高价格。作为评估机构,对该宗房地产进行评估时,其评估结果可能是有一些摆动幅度的价格区间,评估人只对估价信息和结论符合估价技术规范和职业规则范围负责,而对房地产转让定价决策不负任何责任。

房地产转让价格评估,宜采用市场比较法和收益法,也可采用成本法,其中待开发房地产的转让价格评估应采用假设开发法。

三、房地产抵押价值评估

房地产抵押为抵押人以其合法的房地产以不转移占有的方式向抵押权人提供债务履行担保的行为。由于房地产抵押的性质和成为抵押物的房地产的特点,房地产抵押价值的评估在适用法律规定、考虑因素、相关参数选择等方面与其他估价目的的估价不同。

依法不得抵押的房地产,没有抵押价值;首次抵押的房地产,该房地产的价值为抵押价值;再次抵押的房地产,该房地产的价值扣除已担保债权后的余额部分为抵押价值;以划拨方式取得的土地使用权连同地上建筑物抵押的,评估其抵押价值时应扣除预计处分所得价款中相当于应缴纳的土地使用权出让金的款额;以具有土地使用权年限的房地产抵押的,评估其抵押价值时应考虑剩余年限对价值的影响;以享受国家优惠政策购买的房地产抵押的,其抵押价值为房地产权利人可处分和收益的份额部分的价值;以按份额共有的房地产抵押的，其抵押价值为抵押人所享有的份额部分的价值以共同共有的房地产抵押的，其抵押价值为该房地产的价值。

房地产抵押价值评估有以下几个特点。

（1）房地产抵押价值评估的服务对象主要是金融机构，金融机构需要的是安全、稳定、谨慎。

（2）房地产估价机构和房地产估价人员处于中介的位置，应当规避抵贷双方的风险和房地产估价机构及估价人员的风险。

（3）在抵押房地产价值评估中要严格执行房地产抵押估价指导意见和房地产估价规范，应当遵守独立、客观、公正、合法、谨慎的原则，切忌不实估价，切忌高（虚）估冒算。

四、房地产征收、征用估价

房地产征收估价，应区分国有土地上房屋征收评估和集体土地征收评估。其中，国有土地上房屋征收过程中的补偿安置是城市房屋拆迁中的核心内容，拆迁活动所涉及的民事法律关系主要表现为补偿安置。补偿安置的基础和依据是被拆迁房屋价格的评估，评估价是货币补偿标准的依据。集体土地征收估价是指：在将集体所有的土地经依法征用转为国有土地的过程中，对被征用土地的补偿价格进行的评估。城市房屋拆迁估价（以下简称拆迁估价），是指为确定被拆迁房屋货币补偿金额，根据被拆迁房屋的区位、用途、建筑面积等因素，对其房地产市场价值进行的评估。征地和拆迁房屋的市场价评估不同于一般房地产的市场价评估。

一般房地产的市场价评估通常是数量有限，单个或数个房地产的估价，涉及面窄，相互关联小，社会影响不大，可直接运用市场比较法、收益法、成本法或假设开发法进行估价，而征地和拆迁房屋的估价有以下几个特点。

1. 拆迁户数多、估价量大

我国是发展中国家，要不断加快现代化建设步伐，而城市建设要先行。大规模的城市建设，必不可少地发生大规模城市房屋拆迁。以南京市为例，据统计，2003年南京市实施拆迁项目115个，拆迁房屋面积179万米^2，共拆迁居民2.4万多户，拆迁工企单位1320个。拆迁户数多必然带来拆迁房屋估价量大。

2. 涉及面广，社会影响大

拆迁房屋既有居民个人房屋，也有机关企事业单位房屋；既有住宅用房，也有商业用房、办公用房、生产用房；既有独立产权，也有共有产权。从企事业单位来说，拆迁不仅涉及企事业财产的补偿问题，而且涉及企事业单位的生存和职工家庭的生活问题；从居民个人来说，房屋是当今我国大多数城市居民的最大财产。因此，城市房屋拆迁估价涉及千家万户的切身利益，所产生的社会影响很大。

3. 补偿价格关联性强

就同一城市而言，同一时期、同一地段、同种类型房屋的拆迁补偿价之间，同一时期、同一地段、不同类型房屋的拆迁补偿价之间，同一时期、不同地段、同种类型房屋的拆迁补偿价之间，不同时期、同一地段，同种类型房屋的拆迁补偿之间，不同时期、同一地段、不同类型房屋的拆迁补偿价之间，都具有价格相互关联性。如果忽视了这种关联性，就可能引发拆迁冲突。

估价方法的选用既不能简单了事，也不宜复杂难行。不宜简单地运用某种方法，比如，运用市场比较法去确定每一个被拆迁房屋的评估价，这样有可能出现房屋状况基本相同的被拆迁房屋，由于选取的交易实例不同，产生评估价格的差异，就会造成被拆迁人对评估价格不满的状况。

五、房地产拍卖底价评估

房地产拍卖，作为处分房地产的一种有效方式，已越来越受到人们的重视，拍卖程序也逐渐规范。但是，在房地产拍卖过程中，如何合理、准确地确定保留价格，是拍卖委托人和房地产估价师难以把握的。估价结果过低，将会影响委托人的定价行为，损害委托人或房地产权利人的合法权益；估价结果过高，竞买成功的可能性就降低，失去拍卖处分房地产的意义。甚至可以说，能否准确地评估出保留价格，是决定拍卖是否成功的关键因素之一。房地产拍卖保留价评估为确定拍卖保留价提供服务。这里所说的拍卖特指强制处分的拍卖。以拍卖方式对房地产进行处分是一种特殊的交易方式，在强制处分、清偿、司法执行房地产的交易中较为常见。

房地产拍卖保留价是指拍卖房地产的税前最低售价或指委托人依据评估机构的评估结果提出的拍卖标的税前最低售价。评估机构应按此交易状态进行评估，委托人可在此基础上提出报价。处分房地产由于清偿、抵债、罚没、司法执行等原因造成其除具有房地产的一般固有特点外，还有许多新的特点，因此在对处分房地产拍卖保留价的评估过程中，应依据这些不同点，确定其价格。

1. 强制处分

处分房地产的拍卖属于强制性的司法行为，原产权人没有权利讨价还价，处分行为也一定要在规定的时间内完成，如果拍卖不成，通常会由法院主持将拍卖标的物折价抵偿债务。

2. 快速变现

由于拍卖交易方式的特点，买受人（购得拍卖标的的竞买人）在较短的时间内决定购买，没有充分的考虑时间，也没有足够的时间对拍卖标的物作充分的了解，特别是需在较短的时间内（通常 15~19 日）支付全部款项，承担的风险较大，因此其价格一般较正常交易价格低。

3. 市场需求面窄、推广力度小

拍卖房地产多为单宗、部分、小规模物业，难以像房地产开发项目进行市场营销，仅以拍卖公告的形式进行宣传，推广力度较小；再加之拍卖房地产是以已确定用途、规模、位置的现有状况进行销售，而不像房地产开发项目先进行市场定位、营销、策划，以销定产的方式进行，因此市场需求面窄，只会满足个别消费者的需求，并在许多方面存在"先天不足"，在成交价格上不得不低于正常的房地产项目。

4. 消费者心理因素

购买者由于消费心理的影响，在购买前已先期认为处分被拍卖的房地产价格会低于正常房地产价格，使得拍卖房地产的价格较低。

5. 购买者的额外支出

由于竞买拍卖房地产要支付拍卖机构租金，按标的额的不同，此部分为标的额的 1%~5%，成为购买者额外的成本，使之希望得到较低的价格，以弥补该支出。

六、房屋租赁价格评估

随着国家对房地产交易环节管理的日趋规范，越来越多的房地产投资者愿意选择长期投资方式，通常是先将房地产持有一段时间，以获取较为稳定的持续租金性收益，持有房地产交易市场行情转好，再将其转售给未来的投资者而获取转售收益。作为置业投资者，特别是物业投资者，多采用委托专业的租赁公司为其经营管理招租事宜，或是将物业整体性出租给专业租赁公司或其他商业运营商等方式，从而获得较为长期稳定的租金收益。然而，商业物业整体出租很少有类似的市场案例可以借鉴，投资人往往难以把握其租金价格水平。这时，专业的房地产估价人员所提供的租金价格定位评估报告对投资人决策显得尤为重要。

房屋租赁价格评估，是特指专业估价人员根据委托方对所拥有的商业物业拟采用出租，且为长期租赁（如 10 年以上）的出租条件，遵循估价原则，按照估价程序，选用适宜的估价方法，并在综合分析物业出租及租约长期等租金价格影响因素的基础上，对拟估房地产在估价时点上的客观合理租金价格水平进行测算和判定的活动。

房屋租赁价格（即房屋租金）是房屋承租人为取得一定时期内房屋的占有、使用、收益权利而向出租人支付的代价。其价格评估要注意以下几个特点。

1. 注意区分住宅类房屋租赁价格评估的类型

住宅类房屋租赁价格评估分为政策性评估和市场租赁评估两种类型。

（1）政策性评估。估价人员应严格执行有关租赁政策，不能超越规定调整租金幅度的价格空间。这类住宅房屋的类型包括各级政府所属的直管公房和廉租房等。国家和地方任命政府这类政策性、公益性住房租金标准等都有具体规定，明确了一般标准，限定了浮动幅度。租赁行为既逐步走向市场经济的轨道，又保证居民不致承受太重的负担，体现住房所具有的一定社会保障性质。此类政策性住房租赁价格评估时应严格遵守国家地方政府的有关规定。

（2）市场租赁评估。住宅类房屋的市场租赁价格评估主要涉及商品房住宅和已购房，由于该类房屋的买卖、租赁行为属于市场价格，应参照公开市场价值标准评估。

2. 租约对租金估价有一定影响

如为合理性契约式房屋租赁价格评估，宜采用租约所确定的租金。租约期外的租金则采用正常客观的租金标准。租赁房屋已订立租约时，应对租约中所约定的租金标准的客观性、合理性进行判断。如租约所约定的租金客观合理，一般应根据该租金估价；如与市场租金标准相差较大（或高、或低），租金明显存在不合理性，则应重新评估其租金值。

3. 划拨土地上营利性房屋的租赁价格评估要点

应确定土地收益中的国家部分。根据《中华人民共和国城市房地产管理法》等法律、法规和政策的规定，以营利为目的的出租划拨土地使用权的房屋，其租赁价格评估应同时给出租金中所含的土地收益值。房屋租赁价格中应含土地收益值，而房租中的土地收益为上缴国家部分，因此，需将土地收益值单独列示。

4. 充分了解房地产租赁价格形成过程

房地产承租权作为一项权利，在评估中必须充分了解其价格形成过程，才能通过科学的估价途径得到合理的价格。当承租人与房地产的权属人签订了房地产租赁合同，便拥有租赁房地产一定时间内的使用、收益等权利，同时承担按照租赁合同约定支付租金的义务。

当预计剩余租赁期内，房地产市场租金价格高于租赁合同约定的租金的时候，如果承租人将租赁合同进行转让会获得收入，如果出租方收回出租房地产需要对承租人进行补偿。承租人转让租赁合同所获得的收入（或出租方收回出租房地产对承租人进行的补偿）金额就是租赁权价格，采用收益法进行评估时为剩余租赁期内赢利租金（即房地产市场租金价格与租赁合同约定租金的差额）的现值。

当预计剩余租赁期内，房地产市场租金价格低于租赁合同约定的租金的时候，租赁权便没有价值。但是，一般情况下，由于房地产具有资源稀缺性、位置固定性、独一无二性、保值增值性等特性，随着时间的推移，人口和收入增加、需求增加导致稀缺性增加以及外部经济或相互影响会引起房地产市场租金价格上涨。

七、房地产纠纷估价

房地产纠纷估价是指对纠纷案件中涉及的争议房地产的价值、交易价格、造价、成本、租金补偿金额、赔偿金额、估价结果等进行科学鉴定,提出客观、公正、合理的意见,为协议、调解、仲裁、诉讼等方式解决纠纷提供参考依据。

(一)房地产纠纷的特点

房地产纠纷情况复杂,解决的难度也较大。了解房地产纠纷的一般特点和各类房地产纠纷的具体特点,对更好地解决这类纠纷是有益处的。房地产纠纷具有种类多、标的价值大、历史遗留问题多等特点,具体表现在以下几个方面。

1. 房地产纠纷中的民事法律关系较复杂

一宗房地产纠纷案件中往往同时存在两个以上的民事法律关系,并且还彼此牵连。例如,房屋产权、房屋继承与遗产往往交织在一起;房屋买卖与房屋租赁交织在一起;房屋典当与房屋抵押有时难以区分;房屋纠纷可能与宅基地纠纷交叉;房地产的开发经营也常常会涉及土地使用权的出让与转让。

2. 房地产纠纷争议标的价值一般较大

在我国,作为不动产的房屋、宅基地,对于一个家庭甚至一个单位来说,就是最有价值的财产或最大的固定资产。在市场经济条件下,房地产价值更是呈现出不断攀升的趋势。有的单位和个人为了打一场房地产官司,不惜耗资、费时、费力、旷日持久地讼争。

3. 房地产纠纷涉及面广

房地产纠纷往往会涉及诸多与房地产建设、管理有关的部门,如规划部门、城建部门、土地管理部门、房地产管理部门等。这些部门有时以第三者的身份对房地产纠纷进行调处,有时又直接是纠纷中的一方当事人。

有的房地产纠纷还涉及几个家庭、几代人、几个单位的切身利益,牵扯面广。所以,处理房地产纠纷时应注意在掌握原则的基础上,协调好各方面的关系。

4. 房地产纠纷政策性强,适用法律的难度较大

现阶段,尽管房地产管理方面的法律法规在不断完善,但仍有不少政策需要进行调整。政策与法律相比,其规范性、稳定性与强制性较弱,而且我国各个历史时期,关于房地产的法律、法规、政策、司法解释性文件等纷繁杂乱,既有相关联的,又有重复的,还有不少已过时的,甚至有相互冲突的。总之,房地产纠纷是属于政策性、法律性都较强的民事纠纷,在审理时应严格贯彻执行国家的有关法律、法规、政策及其他规范性文件的规定。

房地产纠纷估价可分为两大类，一类是针对房地产价值、交易价格、造价、成本、租金、补偿金额、赔偿金额的纠纷，这类纠纷可称为房地产价格（价值）类纠纷；另一类是针对估价结果本身的纠纷，这类纠纷可称为估价结果纠纷。前一类纠纷的估价通常由法院、仲裁机构聘请房地产估价机构完成，后一类纠纷的估价则由专门的估价仲裁部门或组织（如估价专家委员会）出面对估价结果做出鉴定和裁决。

（二）房地产价格（价值）类纠纷估价及其特点

房地产纠纷是社会生活中普遍发生的纠纷之一，是指自然人之间、法人之间或自然人与法人之间对标的物房地产权属、价格等方面的争议。当房地产纠纷涉及房地产价格（价值）的确定而需要聘请专业房地产估价机构进行估价时，这样的纠纷称为房地产价格（价值）类纠纷。

房地产价格（价值）类纠纷估价存在着如下三个特点。

（1）除为抵押贷款目的评定房地产的抵押价值外，其他价格评估的时点一般不是当前或者未来某一时间，而是过去某一时间。为解决房地产转让与租赁缴纳税费纠纷、房地产交易价格纠纷，房屋拆迁补偿纠纷而进行估价时，一般以房地产交易、协议拆迁补偿协议的签字日期或协议所载的日期作为价值时点；为解决遗产、共有财产中房地产分配纠纷而进行估价时，一般应以继承关系、共有财产关系确定日期作为价值时点；为解决土地共有人占有共有土地份额纠纷进行估价时，一般应以最近一次确定共有土地纳税金额的日期为价值时点；为解决房地产纠纷而进行估价结论检验时，一般应以原估价报告所载估价日期作为检验、评估的价值时点。

（2）一般来说，价格评估依据的资料，只能是房地产纠纷发生前的近期客观资料。为解决房地产价格纠纷而进行价格评估、价格重新评估、价格结论检验时，不管采用何种技术思路、何种估价方法，其所依据的房地产市场资料、成本资料、收益资料，政策法规和收益率及利率等资料都只能是房地产纠纷发生前的近期客观资料，因为房地产价格是在纠纷发生前，特别是纠纷发生前较近期的多种价格影响因素共同作用的结果，而不是纠纷发生以后多种价格影响近期客观资料等来推测判断。

（3）不能以当前房地产市场实际价格作为判断原估价结论是否真实、客观、合理的标准。当前房地产市场价格的真实价格是以前房地产市场价格动态变化的延续，是包括以前房地产市场价格等价格影响因素共同作用的结果。若以当前房地产市场价格作为价值判断的依据，则会导致因果关系颠倒。

（三）房地产估价结果纠纷及其特点

房地产估价结果纠纷是指当事人因对估价结果有不同的看法而引起的纠纷。近年来，随着房地产估价业务的发展，这类纠纷越来越多，比较典型的如珠海市某大厦的估价结果纠纷及拆迁补偿价值评估结果纠纷等。房地产估价结果纠纷有如下两个特点。

（1）房地产估价结果纠纷与一般的房地产价格（价值）纠纷不同，房地产估价结果纠纷不是针对未确定的房地产价格（价值），而是针对已经做出的房地产估价结论，并且这种结论必然是由专业的房地产估价机构做出的。

（2）房地产估价结果纠纷的调处必须由专门的估价仲裁机构（或鉴定组织）进行，否则无法让原来提供估价结果报告的估价机构信服，也无法让纠纷的其他当事人接受。

八、房地产保险估价

为了消除各种风险可能带来的不利影响，房屋所有人、承担人或有关当事人可以与保险公司达成一项协定，一方（被保险人）通过支付一定的费用（保险费）以获得另一方（保险公司）对房屋的意外损失或因对房屋具有利益而可能产生的意外损失给予一定的经济补偿的保证。这种以房屋及其有关利益或责任为保险标的的保险，称为房地产保险。

根据承担的保险标的和风险种类不同，房地产保险可划分为房屋财产保险、房屋利益保险、责任保险、信用保险、综合保险、建筑工程保险等。因土地不会损坏或灭失，无损害则无保险，故土地不能成为房地产保险合同的保险标的。投机风险（如房地产市场价格变化）和必然或已知损失（如房屋自然损耗）不属于房地产保险范围。

房地产保险估价，应依据《中华人民共和国保险法》《中华人民共和国城市房地产管理法》和其他有关规定进行。由于土地的特殊性，主要是针对房屋，房地产保险估价分为房地产投保时的保险价值评估和保险事故发生后的损失价值或损失程度评估。

房地产保险估价时应注意以下几点。

1. 保险价值和保险金额的区别

保险价值又称为保险价额，是指保险标的在订立保险合同时估定的实际价值或者在发生保险事故时所具有的价值。保险价值是确定保险金额的基础。保险金额是保险双方当事人在保险合同上载明的，是投保人对于特定的保险标的实际投保的金额，简称保额，也是在保险事故发生后承担损失补偿义务的最高限额。

2. 直接损失和间接损失

当财产因自然风险和社会风险的作用导致财产本身直接损失或消失，财产受到直接损失。例如：房屋被大火烧毁、室内墙壁被人为破坏等就属于直接损失。

间接损失是指由于财产的直接损失而引起的未毁损财产价值的降低或收益的下降。例如，当一座建筑物严重受损，虽然没有完全毁掉，但有可能需要完全重建，为了重建，该建筑未损坏的部分必须完全毁掉，这种损失就是间接损失。它等于毁掉未受损部分所需的费用和未受损部分的价值。间接损失中很重要的一种类型就是净收入下降的损失。净收入下降的损失是指在被损坏的财产被修复完好之前，人们由于全部或部分地丧失了对财产的使用而导致的收益下降或费用上升。

进行保险事故后的损失评估时,要首先明确估价范围是否包含间接损失。

3. 房地产投保时的估价

房地产投保时的保险价值评估,应评估有可能因自然灾害或意外事故而遭受损失的建筑物的价值,不应包含土地价值,估价方法宜采用成本法、市场比较法。

房地产投保时的保险价值,根据采用的保险形式,可按该房地产投保时的实际价值确定,也可按保险事故发生时该房地产的实际价值确定。

4. 保险事故发生后的评估

保险事故发生后的损失价值或损失程度评估,应把握保险标的房地产在保险事故发生前后的状态。对于其中可修复部分,宜估算其修复所需的费用作为损失价值或损失程度。

九、房屋质量缺陷鉴定与评定

房屋质量缺陷的定义,主要是从房屋实体、功能、环境等方面的实际状况与国家相应标准或合同约定内容是否一致予以确定。房屋实体是指房屋实际存在的有形组成部分,包括主体结构、围护结构、装饰装修等;房屋功能是指房屋水电、暖通、燃气、通信、保温、隔热、防水、采光、日照等方面的使用状态与指标;房屋环境是指对房屋使用人及其活动造成影响的空气、水、声、光、辐射、景观等因素,可分为室内环境和室外环境。

委托人委托房地产估价机构进行房屋质量缺陷损失评估前,首先应当根据当事人的意愿,对房屋质量缺陷进行认可或鉴定、评定,并根据房屋质量缺陷书面协议或报告,作为缺陷损失评估的重要前提条件和文件依据。为了保证房屋质量缺陷损失评估的顺利进行,由房地产估价机构对房屋质量缺陷进行评定前,应当由房屋质量缺陷各方面当事人,包括房屋出卖人、买受人、房屋质量缺陷影响到的相邻关系人,以及对质量缺陷房屋享有他项权利的权利人等达成一致意见,共同委托并承认由房地产估价机构对房屋质量缺陷进行评定工作。

房屋质量缺陷损失评估具有以下几个特点。

1. 房屋质量缺陷损失评估对专业技术水平的要求高

以往房屋现值评估多是对房地产整体把握,评估结果应是能满足正常使用要求的整体估价对象的价值。而房屋缺陷损失评估的特色是对不能满足正常使用要求的、有局部或整体问题的估价对象进行评估,是评估不符合国家相应规定或合同规定的局部缺陷所造成的损失额,强调缺陷对房屋价值的影响。房屋质量缺陷表现形式不同,种类各异,要求估价人员对建筑、规划设计、工程施工、设备安装、装饰装修、工程结算等专业知识有基本的了解和掌握，方可初步判断房屋质量缺陷产生的原因、发展趋势以及可能带来的后果。随着人们对居住水平要求的提高，质量缺陷损失评估所涉及的知识面还会进一步延伸，比如对声和光污染、环境指标不达标等的评估。

2. 房屋质量缺陷损失评估对综合能力的要求高

房屋质量缺陷损失评估不仅要求估价人员有深厚的工程技术方面的知识，更要求估价人员具有较好的应变能力和沟通协调能力。房屋质量缺陷损失评估项目通常是一个产生不同程度的纠纷且难以协调的项目，部分项目甚至能拖延几年，相关当事人各方面的情绪激动，这就要求估价人员具有良好的应变能力和沟通协调能力。

3. 房屋质量缺陷损失评估的风险较大

房屋质量缺陷损失评估的风险性是由技术风险和运作风险两部分构成的。作为一个新的评估领域，专业人员的培训和相关规范的制定均处于探索阶段，而房屋质量缺陷却千差万别、形式各异，造成了估价技术和现存质量缺陷的不对称性。目前，房屋质量缺陷损失评估人员专业技术知识的相对困乏又进一步增强了技术上的风险。在实际工作中，项目涉及当事人各方面利益，关系复杂，突发事件时有发生，协调工作难度较大，造成运作上的风险。

十、房地产项目融资评估

房地产开发项目离不开金融机构的贷款支持，房地产项目融资评估是金融机构为规避风险而采取的一种防范措施，一般要对承贷企业和承贷项目进行评估。承贷企业的评估重点在企业财务评价上，主要分析企业是否能持续经营和持续经营的财务状况；对承贷项目的评估主要从项目的市场角度分析。对项目投资成本收益分析、项目的风险和项目投资效益等方面进行测算，最终得出项目是否可行的评估结论。房地产融资项目评估是房地产开发企业在向银行、信托公司、投资基金等金融机构进行融资时，金融机构委托评估咨询机构或自行对借款企业及开发项目进行全款调查分析测算评价的一项贷前评估的专业服务活动。一般均形成书面报告的形式，作为贷款评审的重要依据。

房地产项目融资评估有如下三个特点。

1. 综合性

房地产项目融资评价是一项综合性很强的业务。它与对某一项房地产融资评估不同，从评估的内容、涉及领域、对象、角度都复杂得多，涵盖方方面面的内容。针对每宗房地产项目，在状态上有土地、在建工程、存房量；在用途上有住宅、写字楼、公寓、别墅、商场、宾馆以及娱乐用房等。全面、综合、动态的系统分析过程，需要评估人员具有较宽的知识结构和专业素质，大部分业务需工程、经济、财务等多种人员配合作业。

2. 科学性

由于房地产项目融资评估是作为决定发放贷款的依据,评估的科学性尤为重要。进行项目评估时,应采用科学的方法和手段,定性与定量分析相结合,注重数据采纳的客观性和真实性。

3. 专业性

房地产项目融资评估涉及广阔的领域,有社会、人文、环境、区域发展、法律规划、建筑施工、金融财务、市场营销等诸多专业领域。各项内容均须进行专业化的评估分析,采用符合所涉及专业的相关规定、专业特性、内在规律、程序的方法进行评估。

十一、企业各种经济活动中房地产估价的类型

企业投资结构的多元化带来了产权及收益的问题,加之投资、信贷、利税政策的多次调整,使得企业资产产权归属出现了许多争议和混乱。因此。产权明晰成为企业的各种经济活动的前提。而作为企业资产中重要的组成部分的房地产,在企业的经济行为中也必须遵循这一前提。从这一前提出发,在这种目的下的房地产估价就可以分为房地产权属发生转移和房地产权属不发生转移两种类型。

1. 房地产权属发生转移

企业各种经济活动中所涉及的房地产估价,大部分涉及房地产权属转移。企业合资、合作、分立等活动,均涉及房地产权属向新设立公式转移的行为;此外,企业的出售、兼并、破产清算,通常也伴随房地产权属转移。例如,某企业将其厂房设备及相应的土地使用权作价,作为该企业与其他企业或投资者合资、合作的条件,并在新设立的股份公司中占有相应股份,则该企业的房地产权益产权、非专利技术或者土地使用权,必须进行评估作价。因此,类似这种经济活动中的房地产估价就属于发生转移这一类型。

2. 房地产权属不发生转移

企业联营中涉及的房地产估价,通常不伴随房地产权属的转移。例如,某国有轻工企业拟利用其闲置的部分厂房和场地使用权,与另一家愿意提供生产技术、设备和流动资金的企业组成联营公司,共同生产市场急需的某一款轻功产品,则该国有轻工企业的房地产权属虽然没有发生转移,但为确定其在联营公司中的利润分配比例,同样需要评估其投资的房地产价值。

十二、估价的假设前提和估价方法的选用

（一）估价假设前提

在企业各种经济活动中所涉及的房地产估价，不仅要结合经济活动的特点来确定房地产权属是否发生转移，还应根据原用途是否合法改变，按保持现状前提或转换用途前提进行估价。

无论保持现状还是转换用途，其共同点都是保证估价对象的最高、最佳使用，差别在于：在转换用途前提下是考虑对象单独使用时的最佳使用；在保持现状前提下是看对估价对象作为企业的一个组成部分的最高、最佳使用。

（二）估价方法的选用

1. 房地产权属发生转移的估价

房地产权属发生转移，在估价时均按照房地产转让方式处理。企业在合资、合作时一般应该根据新设立公司的有关合资、合作协议以及相应的可行性研究报告来分析房地产用途是否发生转变。如发生用途转变，则在符合城市规划要求的前提下，并考察分析项目的未来发展和经济效益情况，同时综合考虑更新改造的费用成本，采用假设开发法和收益法进行估价；如果继续使用，即不转变用途，则在充分考虑项目预期发展的可行性前提下，采用市场比较法和成本法进行估价。

2. 房地产权属不发生转移的估价

这一类房地产估价主要用于企业在联营活动中，确定以房地产作为出资的出资方的分配比例。因此，估价时要充分考虑联营各方协议的具体条件，结合房地产的未来使用方式进行估价。估价方法视具体情况一般可用市场比较法、成本法和收益法。

第三节　房地产价格和价值的种类

一、价值、使用价值和交换价值

价值一词在日常生活中经常使用且含义广泛，如历史价值、艺术价值、学术价值、价值观等。房地产估价中所涉及的价值主要是经济学范畴的价值。在经济学里，广义的价值分为使用价值和交换价值，狭义的价值仅指交换价值。使用价值是指物品能满足人

们某种需要的效用。交换价值是指一种商品同另一种商品相交换的量的关系或比例，即交换价值表现为一定数量的其他商品。在现代社会，交换价值通常用货币来衡量，因此交换价值一般表现为一定数量的货币。人们在经济活动中通常简称的价值，一般指的是交换价值。在房地产估价中所讲的价值，一般也是指交换价值。

任何一种物品能够成为商品，首先必须是有用物品，能用来满足人们的某种需要。没有使用价值的物品不会被交换对方所接受，也就不能成为商品，不会有交换价值。因此，使用价值是交换价值的前提，即没有使用价值就没有交换价值。但是反过来却不一定成立，即没有交换价值就没有使用价值。例如，空气，缺了它人们就不能存活，但由于随时随地都可以自由取用，通常情况下就没有交换价值。作为商品的房地产，既有使用价值，也有交换价值。

就使用价值与交换价值而言，房地产估价是评估房地产的交换价值。但在房地产估价中首先应对有关房地产质量、性能、完损状况等进行鉴定，因为它们影响着房地产交换价值的大小。这如同对古董、名家艺术品、珠宝玉石进行估价，如果不知其真伪和品质，就肯定评估不出价值。

二、成交价格、市场价格、理论价格和评估价值

（一）成交价格

成交价格简称成交价，是指一笔房地产交易中交易双方达成交易——买方同意交付、卖方同意接受，或者买方付出、卖方收取的货币或实物、无形资产和其他经济利益。

（二）市场价格

市场价格简称市场价、市价，是指某种房地产在市场上的平均水平价格。它是剔除了各种偶然和不正常因素以后的价格，是该种房地产大量成交价格的抽象结果（如该种房地产成交价格的平均数或中位数、众数）。

（三）理论价格

理论价格是在真实需求与真实供给的条件下形成的价格。在经济学里有许多词来表达它，如价值、内在价值、自然价值、自然价格、实际价值、真实价值等。但理论价格并不是静止不变的。

（四）评估价值

评估价值简称评估值、评估价，是指估价师通过估价活动得出的估价对象的价值，即它实质上是估价师对估价对象价值的一个估价值。评估价值可以根据采用的估价方法

的不同而有不同的称呼，如通常把市场比较法、收益法、成本法测算出的价值，分别称为比准价值、收益价值和积算价值。

三、市场价值、投资价值、谨慎价值、快速变现价值、在用价值和残余价值

（一）市场价值

市场价值可以简要定义为估价对象由熟悉情况的交易双方以公平交易方式在估价时点自愿进行交易的金额。

（二）投资价值

投资价值一词有两种含义：一是值得投资，如人们在为某个项目或产品、资产等做销售宣传时，经常称其具有投资价值；二是从某个特定的投资者（如某个购买者）的角度来衡量的价值。这里所讲的投资价值是指后者。因此，某一个房地产的投资价值，是指根据某个特定的投资者的实际情况，对该房地产所评估的价值。与此相比，该房地产的市场价值，是指该房地产对一个典型的投资者（市场上抽象的一般投资者，他代表了市场上大多数人的观点）的价值。即市场价值来源于市场参与者的共同价值判断，是客观的、非个人的价值；投资价值是对特定的投资者而言的，是基于主观的、个人因素上的价值。在某一时点，市场价值是唯一的，而投资价值会因投资者的不同而有所不同。

（三）谨慎价值

谨慎价值是指在存在不确定因素的情况下，遵循谨慎原则所评估的价值。谨慎原则是在评估房地产抵押价值时应遵循的一项原则。谨慎原则要求在存在不确定因素的情况下做出估价相关判断时，应保持必要的谨慎，充分估计抵押房地产在抵押权实现时可能受到的限制、未来可能发生的风险和损失，不高估假定未设立法定优先受偿权下的价值，不低估房地产估价师知悉的法定优先受偿款。

理解谨慎原则的关键，是要弄清"在存在不确定因素的情况下"。在实际估价中，房地产估价师如果面临的是确定因素，则不存在谨慎问题，应依据确定因素进行估价；如果面临的是不确定因素，对该因素的乐观、保守（或悲观）和折中判断或估计会导致对抵押价值的相对偏高、偏低和居中估计时，则应采取导致对抵押价值相对偏低的估计。例如，采用收益法评估收益性房地产的抵押价值，当估计未来的收益可能会高也可能会低时，遵循谨慎原则应采用保守的较低的收益估计值，相比之下，一般的房地产价值评估是采用既不偏高也不偏低的居中的收益估计值。

谨慎价值通常低于市场价值。例如，为了防范房地产信贷风险，要求评估的房地产

抵押价值本质上是谨慎价值。

（四）快速变现价值

快速变现价值是指不符合市场价值形成条件中"适当的营销"下的价值。例如，卖者因某种原因急于脱手房地产而要求评估的价值即快速变现价值。房地产因难以变现，如果在短时间内（如销售期短于正常或合理的销售期）需要将其卖出，则价格较低。因此，快速变现价值通常低于市场价值。

（五）在用价值

在用价值是指在现状利用下的价值。现状利用包括目前的用途、规模、集约度和档次等，它可能是最高最佳利用，也可能不是最高最佳利用；可能是合法利用，也可能不是合法利用。在合法利用下，在用价值一般低于市场价值。但如果现状利用为最高最佳利用，则在用价值等于市场价值。在不是合法利用下，在用价值可能高于市场价值。例如，临街住宅楼的底层住宅擅自改为商铺，该底层的现状商业用途的在用价值通常高于法定居住用途的市场价值。

（六）残余价值

残余价值是指在非继续利用下的价值。它一般低于市场价值。例如，某个针对特定品牌进行了特色装饰装修的餐厅，当不再作为该品牌的餐厅继续经营而出售时，则该特色装饰装修不仅不会增加该房地产的价值，而且会降低该房地产的价值，因为该特色装饰装修对该餐厅的后来取得者没有用处。因此，该餐厅的残余价值会低于其市场价值。但在征收情况下，虽然该餐厅也不会继续经营下去，但因要给予公平补偿，所以应假设它继续经营来评估其价值，即在这种情况下，评估的应是市场价值，而不是残余价值。

残余价值与通常意义上的"残值"有所不同，残值是资产在其使用寿命结束时所剩余的价值。因此，残余价值大于或等于残值，仅在资产使用寿命结束时，残余价值等于残值。

四、买卖价格、租赁价格、抵押价值、保险价值、计税价值和征收价值

买卖价格、租赁价格、抵押价值、保险价值、计税价值和征收价值是按照房地产交易方式或有关经济行为类型划分的几种价格和价值。

（一）买卖价格

买卖价格也称为销售价格，简称买卖价，是房地产权利人采取买卖方式将其房地产转移给他人，由房地产权利人（作为卖方）收取或他人（作为买方）支付的货币或实物、无形资产和其他经济利益。

（二）租赁价格

租赁价格通常称为租金，有时称为租价，在土地与建筑物合在一起的场合习惯上称为房屋租赁价格，简称房租，在土地或以土地为主的场合一般称为地租，是房屋所有权人作为出租人将其房地产出租给承租人使用，由承租人向出租人支付或出租人向承租人收取的货币或实物、无形资产和其他经济利益。

（三）抵押价值

从理论上讲，房地产抵押价值是在抵押期间的各个时点，特别是在债务人不履行到期债务或者发生当事人约定的现实抵押权的情形时，将抵押房地产拍卖、变卖所得的价款扣除法定优先受偿款后的余额。法定优先受偿款是假定实现抵押权时，法律规定优先于本次抵押贷款受偿的款额，包括已抵押担保的债权数额、拖欠的建设工程价款和其他法定优先受偿款（如划拨的建设用地使用权、增加容积率、改变土地用途应补交的出让金等费用），但不包括诉讼费用、估价费用、拍卖费用、营业税及附加等拍卖、变卖的费用和税金。

（四）保险价值

保险价值是将房地产投保时，为确定保险金额提供参考依据而评估的价值。评估保险价值时，估价对象的范围应视所投保的险种而定。

（五）计税价值

计税价值有时也称为计税租金，是为税务机关核定计税依据提供参考依据而评估的房地产价值或租金。具体的计税价值如何，要视税种而定。

（六）征收价值

征收价值也称为征收补偿价值，是为国家征收房地产确定被征收房地产的补偿提供依据而评估的被征收房地产的价值。

五、市场调节价、政府指导价和政府定价

市场调节价、政府指导价和政府定价是根据《中华人民共和国价格法》（1997年12月29日中华人民共和国主席令第92号，以下简称《价格法》）规定，实质上是按照政府对房地产价格的管制或干预程度划分的几种价格。

市场调节价是指由经营者自主制定，通过市场竞争形成的价格。对于实行市场调节价的房地产，因经营者可以自主制定价格，所以估价应依据市场供求状况进行。

政府指导价是指由政府价格主管部门或者其他有关部门，按照定价权限和范围规定基准价及其浮动幅度，指导经营者指定的价格。对于实行政府指导价的房地产，因经营

者应在政府指导价规定的幅度内制定价格,所以估价结果不得超出政府指导价规定的幅度。

政府定价是指由政府价格主管部门或其他有关部门,按照定价权限和范围指定的价格。对于实行政府定价的房地产,因经营者应执行政府定价,所以估价结果应以政府定价为准。例如,在城镇住房制度改革中,出售公有住房的标准价、成本价就属于政府定价。

六、基准地价、标定地价和房屋重置价格

基准地价、标定地价和房屋重置价格是《中华人民共和国城市房地产管理法》规定应当定期确定并公布的几种价格。《中华人民共和国城市房地产管理法》第三十三条规定:"基准地价、标定地价和各类房屋的重置价格应当定期确定并公布。"第三十四条规定:"房地产价格评估,应当遵循公正、公平、公开的原则,按照国家规定的技术标准和评估程序,以基准地价、标定地价和各类房屋的重置价地价格为基础,参照当地的市场价格进行评估。"基准地价、标定地价和各类房屋的重置价格都是一种评估价值。

根据《城镇土地估价规程》(GB/T 18508—2001),基准地价是指在城镇规划区范围内,对现状利用条件下不同级别或不同均质地域的土地,按照商业、居住、工业等用途,分别评估确定的某一估价日期上法定最高年期土地使用权区域平均价格;标定地价是政府根据管理需要,评估的某一宗土地在正常土地市场条件下于某一估价期日的土地使用权价格,它是该类土地在该区域的标准指导价格。

七、土地价格、建筑物价格和房地价格

土地价格、建筑物价格和房地价格是按照房地产基本存在形态划分的几种价格。

(一) 土地价格

土地价格简称地价,如果是一块空地,就是指该块土地的价格;如果是一块有建筑物的土地,则是指其中土地部分的价格,不包含该土地上的建筑物的价格。

在土地估价时,根据土地的实际开发程度或者在特殊情况下假设的开发程度的不同,俗称"生熟"程度不同,会有不同的价格,土地的"生熟"程度主要有五种:①完成土地征收补偿的集体土地。取得该土地后还需要支付土地征收补偿费用;②已完成土地征收补偿但未完成"三通一平"以上开发的土地;③已完成土地征收补偿和"三通一平"以上开发的土地;④未完成房屋征收补偿的国有土地,取得该土地后还需要支付房屋征收补偿费用;⑤已完成房屋征收补偿的国有土地。

有时根据土地的"生熟"程度,将土地粗略分为生地、毛地和熟地三类。相应地,地价又有生地价、毛地价和熟地价之说。

(二) 建筑物价格

建筑物价格是指建筑物部分的价格,不包含该建筑物占用范围内的土地的价格。人们平常所说的房价,如购买一套商品住房的价格,通常含有该建筑物占用范围内的土地的价格,与这里所说的建筑物价格的内涵不同。

(三) 房地价格

房地价格也称房地混合价,是指土地与建筑物综合体的价格,或者建筑物及其占用范围内土地的价格,或者土地及其上的建筑物的价格。该价格往往等同于人们平常所说的房价。

对于同一宗房地产而言,有:

$$房地价格=土地价格+建筑物价格$$
$$土地价格=房地价格-建筑物价格$$
$$建筑物价格=房地价格-土地价格$$

但需要指出的是,上述土地价格、建筑物价格、房地价格三者的关系不是机械的,即不是不论房地产是在分割、合并的前后,还是土地、建筑物各自独立考虑时都存在着上述关系,而是指同一宗房地产来说,由于只存在土地、建筑物和房地三种基本形态,所以同一宗房地产的价值只能归属于这三种对象之中。房地价值在土地与建筑物之间的分配,与房地产分割、合并估价不同:在房地产价值分配的情况下,各部分的价值之和等于整体价值;在房地产分割的情况下,分割后的各个独立部分的价值之和一般小于分割前的整体价值;在房地产合并的情况下,合并后的价值一般大于合并前的各个独立部分的价值之和。

八、总价格、单位价格和楼面地价

总价格、单位价格和楼面地价是按照房地产价格表示单位划分的几种价格。

(一) 总价格

总价格简称总价,是指某一宗或者某一区域范围内的房地产整体的价格。它可能是一块面积为500米^{2}的土地价格,一套建筑面积200米^{2}的高档公寓的价格,或一座建筑面积为1万米^{2}的商场的价格,也可能是一个城市的全部房地产的价格,或者一国全部房地产的价格。房地产的总价格一般不能完全反映房地产价格水平的高低。

(二) 单位价格

单位价格简称单价,其中土地单价是指单位土地面积的土地价格,建筑物单价通常是指单位建筑物面积的建筑物价格，房地单价通常是指单位建筑物面积的房地价格。房地产的单位价格一般可以反映房地产价格水平的高低。

（三）楼面地价

楼面地价是一种特殊的土地单价，是将土地总价按土地上的建筑物面积（通常为建筑面积）均摊的土地价格，即

$$楼面地价=土地总价/总建筑面积$$
$$楼面地价=土地单价/容积率$$

九、名义价格和实际价格

名义价格是表面上的价格，能直接观察到。实际价格一般直接观察不到，需要在名义价格的基础上进行计算或处理才能得到。有如下五种含义的名义价格和实际价格。①未扣除价格因素的价格为名义价格，扣除了价格因素后的价格为实际价格。在计算房地产自然增长时，应采取这种含义的实际价格。②在买房送装修、家具、汽车、车位等情况下，未减去装修、汽车、家具、车位的价值后的实际价格。③在交易当事人为逃税等而不实申报成交价格的情况下，申报的成交价为名义价格。④房地产买卖中，本应由卖方缴纳的税费。这种情况下的成交价格为名义价格。房地产买卖中，而实际价格（或成为正常成交价格）则是在买卖双方各自缴纳自己应缴纳的交易税费下的价格。⑤在不同的付款方式下，在成交日期讲明，但不是在交易日期一次性付清的价格折现到成交日期的价格为实际价格。

十、起价、标价、成交价和均价

起价、标价、成交价和均价是新建商品房销售中的几种价格。

起价是指销售新建商品房的最低价。该价格通常是最差位置的楼栋和最差的户型、朝向、楼层的商品房的价格，有时甚至连这种价格的商品房都不存在，仅是在宣传中为了吸引人们对所销售商品房的关注而虚设的一种价格。因此，起价通常不能反映所销售商品房的真实价格水平。

标价也称报价、挂牌价、表格价，是新建商品房销售者在价目表上标注的不同楼栋、户型、朝向、楼层的商品房的出售价格，即卖方要价。一般情况下，买卖双方会围绕这个价格进行讨价还价，最后商品房销售者有可能做出某种程度的让步，按照一个比这个价格低的价格成交。

成交价是经拍卖师落锤或者以其他公开表示买定的方式确认后的竞买人的最高应

价。在有保留价拍卖中，最高价不一定成为成交价，只有在最高应价高于或等于保留价的情况下，该最高价才成为成交价。1987年12月1日，中国首次以公开拍卖的方式转让的一块土地的底价为200万元，最后成交价为525万元。

十一、评估价、保留价、起拍价、应价和成交价

评估价、保留价、起拍价、应价和成交价是房地产拍卖中的几种价格。房地产拍卖是以公开竞价的形式，将房地产转让给最高应价的竞买人或者表示以该最高价买受的优先购买权人的买卖方式。

房地产拍卖活动中的评估价，一般是指为人民法院或有关当事人确定拟拍卖房地产的保留价提供参考线索，对拟拍卖房地产的市场价值或快速变现价值进行分析、测试和判断的结果。此外，房地产拍卖活动中还有一种评估价，即为竞买人确定最高出价提供参考依据，对拍卖房地产的投资价值或市场价值进行分析、测算和判断的结果。

保留价也称竞拍底价，是在拍卖前确定的拍卖标的可售的最低价，拍卖分为无保留价拍卖和保留价拍卖。拍卖标的无保留价的，拍卖师应在拍卖前予以说明。拍卖标的有保留价的，竞买人的最高应价未达到保留价时，该应价不发生效力，拍卖师应当停止拍卖标的拍卖；竞买人的最高价达到保留，在保留价拍卖中，人民法院对于被查封房地产的拍卖均采取有保留价拍卖方式。《最高人民法院关于人民法院民事执行中拍卖、变卖财产的规定》第八条规定："拍卖应当确定保留价。拍卖保留价由人民法院参照评估价格确定；未作评估的，参照市价确定，并应当征询有关当事人的意见。人民法院确定的保留价，第一次拍卖时，不得低于评估价或者市价的百分之八十；如果出现流拍，再行拍卖时，可以酌情降低保留价，但每次降低的金额不得超过前次保留价的百分之二十。"后来《最高人民法院关于人民法院委托评估、拍卖和变卖工作的若干规定》对确定拍卖保留价的规定做了适当修改，第一次拍卖的保留价＝评估价＝市场价值。

起拍价也称开叫价格、起叫价，是拍卖师在拍卖时首次报出的拍卖标的的价格。拍卖有增价拍卖和减价拍卖。增价拍卖是先对拍卖标的确定一个最低起拍价，然后由低往高叫价，直到最后由出价最高者获得。减价拍卖是由拍卖师先喊出拍卖标的的最高起拍价，然后逐次喊出逐步降低的价格，直至有竞买人表示接受而成交。增价拍卖是一种常见的叫价方式。在增价拍卖中，起拍价通常低于保留价。

应价是竞买人对拍卖师报出的价格的应允，或是竞买人自己报出的购买价格。

成交价是经拍卖师落槌或者以其他公开表示买定的方式确认后的竞买人的最高应价。在有保留价拍卖中，最高应价不一定成为成交价，只有在最高应价高于或者等于保留价的情况下，该最高应价才成为成交价。

第二部分　房地产估价实务

项目一　期房价格评估

【学习目标】

知识目标

(1) 熟悉市场比较法的基本操作步骤。
(2) 掌握市场比较法三大系数修正的方法。
(3) 了解长期趋势法的基本概念和计算方法。

技能目标

(1) 能运用市场比较法进行期房的价格评估。
(2) 能运用长期趋势法进行期房预售价格的评估。

【项目概述】

新鸥鹏集团通过出让方式拿到了西永组团 U 标准分区地块编号为 U7-3-1/02、U7-3-3/02、U7-3-4/02 的三块土地。根据市场分析结果，新鸥鹏集团打算在这三块土地上开发高层住宅和低密度别墅。截至目前，项目高层已经同时开工两栋并分别完成了 1/3 的建设。根据项目的开发建设进度安排，预计两栋高层将会在 2015 年 12 月 30 日左右预售，请运用市场比较法结合长期趋势法评估出该期房 2015 年 12 月 30 日的预售价格。

任务一　运用市场比较法评估期房价格

【学习目标】

知识目标

（1）熟悉市场比较法的基本操作步骤。
（2）掌握市场比较法交易情况修正的方法。
（3）掌握市场比较法市场状况修正的方法。
（4）掌握市场比较法房地产状况修正的方法。
（5）掌握房地产比准价格确定的方法。

技能目标

（1）能进行可比实例交易情况修正。
（2）能进行可比实例市场状况修正。
（3）能进行可比实例房地产状况修正。
（4）能进行期房比准价格的确定。

【项目概述】

市场比较法是通过市场上与估价对象类似的可比实例的查找，根据这些案例的成交价格来估算估价对象的估价方法。因此，本任务的内容是在研究估价对象基本情况的基础上，根据市场比较法估价的操作步骤，进行至少三个可比实例的查找，并通过估价对象和可比实例的交易情况、市场状况、房地产状况等因素的对比分析，对可比实例的成交价格进行修正，最终得出估价对象的比准价格。

要进行估价对象期房价格的评估，首先要确定估价结果对应的日期，即估价时点；其次是通过资料的查找找到与估价对象非常类似的可比实例；最后要明确市场比较法的估价操作步骤。因此，在进行任务的操作时，首先要学习市场比较法的基本理论知识，然后进行估价对象和相关可比实例的资料查询及获取、市场状况资料查询等基础工作，最后通过编制比较因素条件说明表、比较因素条件指数表、比较因素修正系数表等表格来完成可比实例的价格修正和估价对象的价格评估。

用市场比较法评估期房价值的步骤如图 1-1 所示。

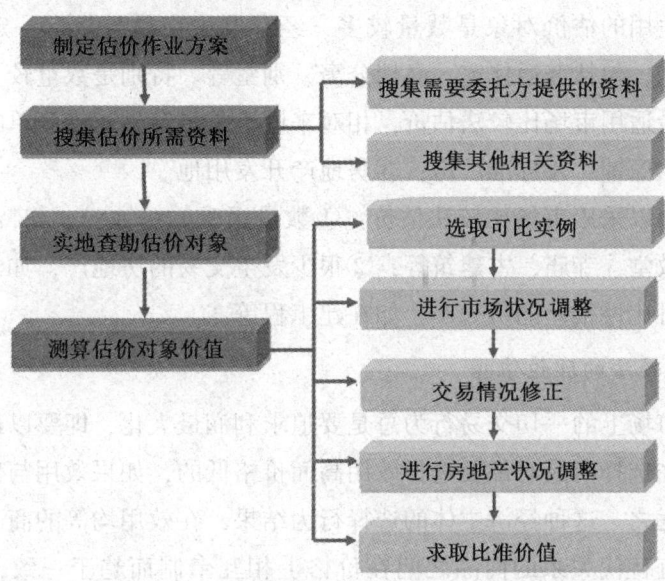

图 1-1　用市场比较法评估期房价值的步骤

【知识平台】

一、市场比较法概述

（一）市场比较法的含义

市场比较法是根据与估价对象相似的房地产的成交价格来求取估价对象价值的方法。具体地说，市场比较法是选取一定数量发生过交易且符合一定条件的与估价对象相似的房地产，然后将它们与估价对象进行比较，对它们的成交价格进行适当的处理来求取估价对象价值的方法。与估价对象相似的房地产，也称为估价对象的类似房地产，简称类似房地产，是指与估价对象的区位、用途、权利性质、档次、规模、建筑结构等相同或相似的房地产。发生过交易且符合一定条件的与估价对象相似的房地产，简称可比实例，是指交易实例中交易类型与估价目的吻合、成交日期与估价时点接近、成交价格为正常价格或可修正为正常价格的与估价对象相似的房地产。

市场比较法的本质是以房地产的市场价格为导向来求取房地产的价值。通常把市场比较法测算出的价值称为比准价值。

由于市场比较法是利用实际发生、经过市场"检验"的类似房地产的成交价格来求取估价对象的价值，所以它是一种最直接、较直观且有说服力的估价方法，其测算结果易于被人们理解、认可或接受。

(二) 市场比较法的适用对象

市场比较法适用的估价对象是数量较多、经常发生交易且具有一定可比性的房地产，例如：①住宅，包括普通住宅、高档公寓、别墅等。特别是数量较多、可比性较好的存量成套住宅最适用市场比较法估价，相对来说也是最容易、最简单的一种房地产估价；②写字楼；③商铺；④标准厂房；⑤房地产开发用地。

下列房地产难以采用市场比较法估价：①数量很少的房地产，如特殊厂房、机场、码头、博物馆、教堂、寺庙、古建筑等；②很少发生交易的房地产，如学校、医院、行政办公楼等；③可比性很差的房地产，如在建工程等。

(三) 市场比较法的理论依据

经济主体在市场上的一切交易行为总是要追求利润最大化，即要以最少的费用求得最大利润，因此在选择商品时都要选择效用高而价格低的，如果效用与价格比较，价格过高，均会敬而远之。这种经济主体的选择行为结果，在效用均等的商品之间产生替代作用，从而使具有替代关系的商品之间在价格上相互牵制而趋于一致，这就是替代原则，市场比较法就以这一原则为依据。

因为房地产价格形成有替代原理，所以估价对象的未知价格（价值）可以通过类似房地产的已知价格来求取。当然也应注意到，在具体一宗房地产交易中，交易双方可能有利害关系，可能对交易对象不够了解或对市场行情不够熟悉等，导致成交价格偏离正常价格。但是，只要搜集了较多类似房地产的交易实例，对它们的成交价格进行适当的处理所得的结果，可以作为估价对象价值的最佳测算值。

(四) 市场比较法需要具备的条件

市场比较法估价需要在估价时点的近期有较多类似房地产的交易。房地产市场不够活跃或者类似房地产交易较少的地区，难以采用市场比较法估价；房地产市场总体上较活跃的地区，在某些情况下市场比较法也可能不适用，如可能由于某些原因导致在一段较长的时期内很少发生房地产交易。

在目前房地产交易和登记等信息不够公开透明的情况下，获取房地产交易的真实价格及估价所必要的交易房地产状况等信息，是运用市场比较法估价的难点。尽管如此，以下情况不能成为不采用市场比较法估价的理由：估价对象所在地存在较多类似房地产的交易，而由于估价机构和估价师没有努力去搜集交易实例，造成不能采用市场比较法估价。

另外，运用市场比较法估价需要把可比实例的特殊交易情况，如营业税、契税、交易手续费等税费非正常负担造成的可能是不正常的成交价格，修正为正常价格；需要把可比实例在成交日期的价格，调整为在估价时点的价格；需要把可比实例在自身状况下的价格，调整为在估价对象状况下的价格。即运用市场比较法估价需要消除以下三个方面的不同所造成的可比实例成交价格与估价对象价值的差异：①特殊交易情况与正常交易情况不同；②成交日期与估价时点不同；③可比实例房地产状况与估价对象房地产状况不同。

（五）市场比较法的操作步骤

运用市场比较法估价一般分为四个步骤：①搜集交易实例，即搜集大量发生过交易的房地产及其成交价格、成交日期、付款方式等信息；②选取可比实例，即从搜集的大量交易实例中选取一定数量、符合一定条件的交易实例；③对可比实例成交价格进行处理。根据处理的内涵不同，分为价格换算、价格修正和价格调整。价格换算主要是对可比实例成交价格的表现形式进行处理，使各个可比实例的成交价格之间口径一致、相互可比。这种处理方式称为建立比较基准。价格修正是把可比实例实际而可能是不正常的成交价格处理成正常价格，即对可比实例实际而可能是不正常的成交价格进行"改正"。这种处理称为交易情况修正。价格调整是对价格"参考系"的调整，即从可比实例"参考系"下的价格调整为估价对象"参考系"下的价格。"参考系"有市场状况和房地产状况两种。这两种处理分别称为市场状况调整和房地产状况调整。因此，该大步骤又分为建立比较基准、交易情况修正、市场状况调整和房地产状况调整四个小步骤；④求取比准价值，即把多个可比实例成交价格经过处理得到的多个比准价值综合为一个比准价值。

二、搜集交易实例

（一）搜集交易实例的途径

交易实例不会自己跑到估价师手中。估价师应视为自己要买卖、租赁房地产那样用心去调查估价对象所在地的房地产市场行情和搜集交易实例的途径，掌握搜集交易实例的技巧，尽力搜集较多的交易实例。

搜集交易实例及相关参考资料的途径主要有以下六点。

(1) 走访房地产交易当事人，了解其交易的房地产及成交价格等信息。

(2) 访问房地产经纪机构和房地产经纪人员、相关律师、房地产交易当事人的邻居等，了解其促成交易或知悉交易的房地产及成交价格等信息。现在，越来越多的房地产交易是通过房地产经纪机构和房地产经纪人员促成的，通过房地产经纪机构和房地产经纪人员可以获得大量及时、真实的交易实例。

(3) 查阅政府和有关部门的房地产价格等资料。例如，房地产权利人转让房地产时向有关部门申报的成交价格等资料，政府出让建设用地使用权的价格等资料，政府或其授权的部门确定、公布的基准地价、标定地价、房屋重置价格等资料。

（4）向专业房地产信息提供机构购买房地产价格等资料。现在，出现了一些以营利为目的的专门从事房地产价格等信息搜集、整理、分析和提供的机构。

（5）查阅报刊、网站上有关房地产出售、出租的广告，参加房地产交易展示会，与房地产的业主、开发企业、经纪人员等房地产出售人或其代理人洽谈，获取房地产的要价、标价、挂牌价、报价等资料，了解房地产市场价格行情。要价、标价、挂牌价、报价等虽然不是成交价格，一般不能反映真实的市场价格行情，不应作为交易实例，但与成交价格之间有一定的关系，在一定程度上可以作为了解市场行情的参考。

（6）同行之间相互提供。估价机构或估价师之间可以建立某种协作关系，相互提供所搜集的交易实例和经手的估价案例资料。

（二）搜集交易实例的要求

搜集内容完整、真实的交易实例，是提高估价精度的一个基本保证。

在搜集交易实例时应尽量搜集较多的内容，一般包括：①交易实例房地产基本状况，如名称、坐落、规模（面积）、用途、权属以及土地形状、土地使用期限、建筑物竣工日期（或建成年份、建成年代）、建筑结构、周围环境和景观等；②交易双方基本情况，如卖方和买方的名称及之间的关系等；③成交价格，包括总价、单价及计价方式（如是按建筑面积计价还是按套内建筑面积、使用面积、套计价）；④成交日期；⑤付款方式，如是一次性付款还是分期付款（包括付款期限、每期付款额或付款比例）、贷款方式付款（包括首付款比例、贷款期限）；⑥交易情况，如交易目的（卖方为何而卖，买方为何而买）、交易方式（如协议、招标、拍卖、挂牌等）、交易税费负担方式（如买卖双方是依照规定或者按照当地习惯各自缴纳自己应缴纳的税费，还是全部税费由卖方负担或由买方负担等），以及有无利害关系人之间的交易和急于出售、急于购买等特殊交易情况。

三、选取可比实例

（一）选取可比实例的数量要求

从理论上讲，只要对可比实例的成交价格进行了"适当"的处理，通过一个可比实例的成交价格就可以得出估价对象的价值。但在实际估价中，因信息不完全等，对可比实例成交价格的处理不可能做到完全"适当"。因此，为了减小估价误差，增加估价的可信度，要求选取多个可比实例，并且从理论上讲，选取的可比实例越多越好。但如果要求选取的可比实例过多，一是可能由于交易实例的数量有限而难以做到，二是会造成后续处理的工作量很大，因此从某种意义上讲，选取可比实例主要在于精而不在于多，一般选取3~10个可比实例即可。

（二）选取可比实例的质量要求

可比实例选得是否合适，直接关系到市场比较法测算结果的准确性，因此应特别慎重。可比实例房地产应是估价对象房地产的类似房地产。

可比实例房地产——类似房地产，应符合下列7个条件：

①可比实例所处的地区与估价对象所处的地区相同，或是同一供求圈内的类似地区；

②可比实例的用途应与估价对象的用途相同，这里的用途相同主要指大类用途相同，如果能做到小类用途也相同则更好；

③可比实例的建筑结构应与估价对象的建筑结构相同，这里的建筑结构相同主要指大类建筑结构相同，如果能做到小类建筑结构也相同则更好，大类建筑结构一般分为钢结构、钢筋混凝土结构、砖混结构、砖木结构、简易结构；

④可比实例的权利性质应与估价对象的权利性质相同；

⑤可比实例的交易类型应与估价对象的估价目的吻合；

⑥可比实例的成交日期应与估价对象的估价时点接近；

⑦可比实例的成交价格应是正常价格或可修正为正常价格。

（三）选取可比实例应注意的其他问题

在选取可比实例时，估价对象为房地的，应选取类似房地的交易实例；估价对象为土地的，一般应选取类似土地的交易实例；估价对象为建筑物的，一般应选取类似建筑物的交易实例。

四、建立价格可比基础

选取完可比实例之后，应先对这些可比实例的成交价格进行换算处理，使其之间的口径一致、相互可比，并统一到需要求取的估价对象的价格单位上，为进行后续的比较修正建立共同的基础。

建立价格可比基础包括五个方面：①统一付款方式；②统一采用单价；③统一币种和货币单位；④统一面积内涵；⑤统一面积单位。

（一）统一付款方式

由于房地产的价值量大，成交价格往往采用分期付款的方式支付。但是，付款期限的长短不同，付款数额在付款期限内的分布不同，实际价格会有所不同。估价中为便于比较，价格以一次付清所需支付的金额为基准，所以，就需要将分期付款的可比实例的成交价格折算为在其成交日期时一次付清。具体方法是货币的时间价值中的折现计算。

例 1-1 某宗房地产的交易总价款为 30 万元,其中首期付款 20%,余款于半年后支付。假设月利率为 0.5%,则在其成交日期时一次付清的价格为

$$30\times20\%+\frac{30\times(1-20\%)}{(1+0.5\%)^6}=29.29（万元）$$

(二) 统一采用单价

在统一采用单价方面,通常为单位面积上的价格,其中土地除了单价,还可为楼面地价。在这种情况下,单位面积是一个比较单位。根据估价对象的具体情况,还可以有其他的比较单位,例如,仓库以单位体积为比较单位,停车场以每个车位为比较单位,旅馆以每个房间或床位为比较单位,电影院以每个座位为比较单位,医院以每个床位为比较单位,保龄球馆以每个球道为比较单位。

在此还需要说明的是,有些可比实例适宜先进行某些修正后,再转化为单价进行其他修正,因为这样处理时,价格修正更容易、更准确。

(三) 统一币种和货币单位

在统一币种方面,不同币种的价格之间的换算,应采用该价格所对应的日期时的市场汇价。在通常情况下,是采用成交日期时的市场汇价。但如果先按原币种的价格进行交易日期修正,则对进行了交易日期修正后的价格,应采用估价时点时的市场汇价进行换算。

在统一货币单位方面,按照使用习惯,人民币、美元、港币等,单位通常都采用"元"。

(四) 统一面积内涵

在现实房地产交易中,有的按建筑面积计价,有的按套内建筑面积计价,也有的按使用面积计价。它们之间的换算如下:

$$建筑面积下的价格=套内建筑面积下的价格\times\frac{套内建筑面积}{建筑面积}$$

$$建筑面积下的价格=使用面积下的价格\times\frac{使用面积}{建筑面积}$$

$$套内建筑面积下的价格=使用面积下的价格\times\frac{使用面积}{套内建筑面积}$$

(五) 统一面积单位

在面积单位方面,中国通常采用米^2(土地的面积单位有时还采用公顷、亩),美国、英国习惯采用英尺^2,日本、韩国一般采用坪。它们之间的换算如下①。

---

① 亩、公顷、英尺^2、坪均为非国际标准的计量单位,本教材为计算换算需要使用。

米² 下的价格＝亩下的价格÷666.67

米² 下的价格＝公顷下的价格÷10000

米² 下的价格＝英尺² 下的价格×10.764

米² 下的价格＝坪下的价格×0.303

例 1-2 搜集有甲、乙两宗交易实例，甲交易实例的建筑面积 200 米²，成交总价 80 万元人民币，分三期付款，首期付 16 万元人民币，第二期于半年后付 32 万元人民币，余款 32 万元人民币于一年后付清。乙交易实例的使用面积为 2500 英尺²，成交总价为 15 万美元，于成交时一次付清。如果选取此两宗交易实例为可比实例，则一般在进行有关的修正之前应先做如下处理：

（1）统一付款方式。

如果以在成交日期时一次付清为基准，假设当时人民币的年利率为 8%，则

$$甲总价 = 16 + \frac{32}{(1+8\%)^{0.5}} + \frac{32}{1+8\%} \approx 76.42（万元）$$

乙总价＝15 万（美元）

（2）统一化为单价。则

甲单价＝764200÷200＝3821.00（元/米²）（建筑面积）

乙单价＝150000÷2500＝60.00（美元/英尺²）（使用面积）

（3）统一币种和货币单位。

如果以人民币元为基准，则需要将乙交易实例的美元换算为人民币元。假设乙交易实例成交当时的人民币与美元的市场汇价为 1 美元＝8.3 元，则

甲单价＝3821.00（元/米²）（建筑面积）

乙单价＝60×8.3＝498.00（元/英尺²）（使用面积）

（4）统一面积内涵。

如果以建筑面积为基准，另通过调查得知该类房地产的建筑面积与使用面积的关系为 1 英尺² 建筑面积等于 0.75 英尺² 使用面积，则

甲单价＝3821.00（元/米²）（建筑面积）

乙单价＝498×0.75＝373.50（元/英尺²）（建筑面积）

（5）统一面积单位。

如果以米² 为基准，由于 1 米²＝10.764 英尺²，则

甲单价＝3821.00（元/米²）（建筑面积）

乙单价＝373.50×10.764≈4020.35（元/米²）（建筑面积）

五、交易情况修正

可比实例的成交价格是实际发生的，它可能是正常的，也可能是不正常的。由于要

求评估的估价对象价值是合理的,所以可比实例的成交价格如果是不正常的,则应把它修正为正常的。这种对可比实例成交价格进行的修正,称为交易情况修正。因此,经过交易情况修正之后,就将可比实例实际而可能是不正常的成交价格,变成了正常价格。

交易情况修正的方法主要有:①总价法和单价法(总价法是基于总价进行修正,单价法是基于单价进行修正);②差额法和百分率法。

采用差额法进行交易情况修正的一般公式为

$$可比实例正常价格 = 可比实例成交价格 \pm 交易情况修正金额$$

采用百分率法进行交易情况修正的一般公式为

$$可比实例正常价格 = 可比实例成交价格 \times 交易情况修正系数$$

在百分率法中,交易情况修正系数应以正常价格为基准来确定。假设可比实例成交价格比其正常价格高或低的百分率为$\pm S\%$(当可比实例成交价格比其正常价格高时,为$+S\%$;当可比实例成交价格比其正常价格低时,为$-S\%$),则

$$可比实例正常价格 \times (1 \pm S\%) = 可比实例成交价格$$

$$可比实例正常价格 = 可比实例成交价格 \times \frac{1}{1 \pm S\%}$$

通过上式可知,交易情况修正系数是$\frac{1}{1 \pm S\%}$,而不是$\pm S\%$,也不是$(1 \pm S\%)$。因为,交易情况修正系数应以正常价格为基准来确定。

此外,交易情况修正还可用以下公式来进行计算:

$$正常价格 = 可比实例的成交价格 \times \frac{正常情况分值}{可比实例情况分值}$$

例1-3 某可比实例,成交价格为5000元/米^2,在估价调查中得知是属于熟人之间的交易,经分析,此交易比正常的市场价格低5%左右,试进行交易情况修正。

$$正常价格 = 可比实例的成交价格 \times \frac{正常情况分值}{可比实例情况分值}$$

$$= 5000 \times \frac{100}{95} \approx 5263 \ (元/米^2)$$

六、市场状况调整

可比实例的成交价格是成交日期的价格,是在成交日期的房地产市场状况下形成的。由于可比实例的成交日期通常是过去,所以可比实例的成交价格通常是在过去的房地产市场状况下形成的。而需要评估的估价对象价值应当是估价时点的价值,应是在估价时点的房地产市场状况下形成的。如果估价时点是现在(多数估价项目为这种情

况），则应是在现在的房地产市场状况下形成的。由于可比实例的成交日期与估价时点不同，房地产市场状况可能发生了变化，如宏观经济形势发生了变化，政府出台了新的政策措施，利率上升或下降，消费观念有所改变等，导致了估价对象或可比实例这类房地产的市场供求关系等发生了变化，即使是同一房地产在这两个不同时间的价格也会有所不同。因此，应将可比实例在成交日期的价格调整到在估价时点的价格。这种对可比实例成交价格进行的调整，称为市场状况调整，也称为交易日期调整。经过市场状况调整之后，可比实例在成交日期的价格就变成了在估价时点的价格。

$$估价时点价格 = 可比实例价格 \times 交易日期修正系数$$

$$= 可比实例在成交日期时的价格 \times \frac{估价时点分值}{交易日期分值}$$

（一）价格指数法

表 1-1　　　　　　　　　　　价格指数的编制原理

时间	价格	定基价格指数	环比价格指数
1	P_1	P_1/P_1	P_1/P_0
2	P_2	P_2/P_1	P_2/P_1
⋮	⋮	⋮	⋮
$n-1$	P_{n-1}	P_{n-1}/P_1	P_{n-1}/P_{n-2}
n	P_n	P_n/P_1	P_n/P_{n-1}

1. 定基指数法

$$估价时点价格 = 可比实例在成交日期的价格 \times \frac{估价时点的价格指数}{成交日期的价格指数}$$

例 1-4　为评估上海某区一套住宅于 2015 年 3 月底的价格，在选取的可比实例中有一可比实例成交于 2014 年 7 月，价格为 15000 元/米²。上海市 2014 年 7 月至 2015 年 3 月二手房住宅价格指数分别为 1150、1173、1194、1215、1236、1255、1273、1289、1304，试对该可比实例进行交易日期修正。

$$估价时点价格 = 15000 \times \frac{1304}{1150} \approx 17009（元/米^2）$$

2. 环比指数法

采用环比价格指数进行市场状况价格调整的公式为

可比实例在估价时点的价格 = 可比实例在成交日期的价格 × 成交日期下一时期的环比价格指数 × 再下一时期的环比价格指数 × ⋯ × 估价时点的环比价格指数

例 1-5　某地区某类房地产 2014 年 9 月至 2015 年 3 月的价格指数分别为 99.6、94.7、96.7、105.0、109.2、112.5、118.1（均以上个月为 100）。某宗房地产 2014 年

11月的价格为6000元/米²,试将其修正到2015年3月。

$$估价时点的价格 = 6000 \times 1.05 \times 1.092 \times 1.125 \times 1.181$$
$$= 9140（元/米²）$$

(二) 价格变动率法

1. 逐期递增或递减

$$估价时点价格 = 可比实例价格 \times (1 \pm 价格变动率)^{期数}$$

2. 期内平均上升或下降

$$估价时点价格 = 可比实例价格 \times (1 \pm 价格变动率 \times 期数)$$

七、房地产状况调整

房地产状况调整可分解为实物状况调整、权益状况调整和区位状况调整。在这三种调整中,还应进一步分解为若干因素的调整。由于构成房地产状况的因素多而复杂,房地产状况调整是市场比较法中的一个难点和关键。但如果可比实例状况与估价对象状况有许多相同之处,则需要进行房地产状况调整的内容就较少,房地产状况调整相应就简单。因此,在实际估价中应尽量选取与估价对象状况相同之处较多的房地产为可比实例。

(一) 实物状况调整的内容

实物状况是指对房地产价格有影响的房地产实物因素的状况。进行实物状况调整,是将可比实例在其实物状况下的价格调整为在估价对象实物状况下的价格。

(二) 权益状况调整的内容

权益状况是指对房地产价格有影响的房地产权益因素的状况。进行权益状况调整,是将可比实例在其权益状况下的价格,调整为在估价对象权益状况下的价格。

(三) 区位状况调整的内容

区位状况是指对房地产价格有影响的房地产区位因素的状况。进行区位状况调整,是将可比实例在其区位状况下的价格,调整为在估价对象区位状况下的价格。

$$可比实例在估价对象状况下的价格 = 可比实例在自身状况下的价格 \times \frac{1}{1 \pm R\%}$$,房地产状况调整系数是$\frac{1}{1 \pm R\%}$,而不是$\pm R\%$,也不是$(1 \pm R\%)$。因为,房地产状况调整系数应以估价对象状况为基准来确定。

八、比准价格的求取

（一）某个可比实例对应的比准价格的方法

由前面的内容我们知道，市场比较法估价需要进行交易情况、交易日期、房地产状况三大方面的修正。经过交易情况修正后，就将可比实例的实际而可能不是正常的价格变成正常价格；经过了交易日期修正后，就将可比实例在其成交日期时的价格变成在估价时点时的价格；经过了房地产状况修正后，就将可比实例在其房地产状况下的价格变成了在估价对象房地产状况下的价格。这样，经过了这三大方面的修正后，就把可比实例房地产的实际成交价格，变成了估价对象房地产在估价时点时的客观合理价格。如果把这三大方面的修正综合起来，计算公式如下。

1. 修正系数连乘形式

估价对象价格＝可比实例价格×交易情况系数×市场状况调整系数×房地产状况调整系数

2. 修正系数累加形式

估价对象价格＝可比实例价格×（1+交易情况修正系数+

交易日期修正系数+房地产状况修正系数）

（二）将多个可比实例对应的比准价格综合成一个最终比准价格的方法

每个可比实例的成交价格经过上述各项修正之后，都会相应地得出一个比准价格，但这些比准价格可能是不一致的，最后需要将它们综合成一个比准价格，以此作为市场比较法的估算结果。从理论上讲，综合的方法有下列 4 种：①平均数；②中位数；③众数；④其他方法。

1. 平均数

平均数又分为简单算术平均数和加权算术平均数。

（1）简单算术平均数，是把修正出来的各个价格直接相加，再除以这些价格的个数，所得的数即为综合出的一个价格。设 V_1，V_2，V_3，…，V_n 为修正出的 n 个价格，则其简单算术平均数的计算公式如下：

$$V=\frac{V_1+V_2+\cdots+V_n}{n}$$

（2）加权算术平均数，是具有不同比重的数据（或平均数）的算术平均数。比重也称为权重，数据的权重反映了该变量在总体中的相对重要性，每种变量的权重的确定与一定的理论经验或变量在总体中的比重有关。依据各个数据的重要性系数（即权重）进行相乘后再相加求和，就是加权和。加权和与所有权重之和的比等于加权算术平均

数。设 V 为修正过的比准价格，f 为权重，则

$$V=\frac{V_1f_1+V_2f_2+\cdots+V_nf_n}{f_1+f_2+\cdots+f_n}$$

例 1-6 对 3 个可比实例的成交价格进行修正和调整得到的 3 个比准价格分别为 5300 元/米²、5400 元/米²、5380 元/米²，分别赋予权重 0.5、0.2、0.3，请采用加权算数平均法综合得出一个比准价值。

$$5300\times0.5+5400\times0.2+5380\times0.3=2650+1080+1614=5344\text{（元/米}^2\text{）}$$

2. 中位数

中位数是把修正后的各个价格按从低到高或从高到低的顺序排列，当项数为奇数时，位于正中间位置的那个价格为综合出的一个价格；当项数为偶数时，位于正中间位置的那两个价格的简单算术平均数为综合出的一个价格。

3. 众数

众数是一组数值中出现次数最多的数值。

4. 其他方法

还可以采用其他的方法将修正后的多个价格综合成一个价格，如分别去掉一个最高的价格和一个最低的价格，将余下的做简单算术平均。

【任务实施】

一、制定估价作业方案

（一）拟采用的估价技术路线和估价方法

房地产估价技术路线是估价人员模拟房地产价格形成过程、揭示房地产价格内涵时的思路。而房地产估价方法本身也反映了人们对房地产价格形成过程的认识，可以说，每种房地产估价方法都体现了一种技术路线。

由于估价对象是期房，而期房的销售价格一般是由市场上该产品的供求关系决定的。因此，可以借鉴市场上已经成交的期房价格作为价格的参考。采用市场比较法进行评估。市场比较法是通过查找市场中与估价对象类似的交易案例，然后对可比实例的成交价格进行修正，最终得到估价对象的一种方法。因此，该估价对象价格的评估关键在于可比实例的查找。由于房地产市场数据资料最新只能找到 2015 年 5 月的，因此，可分段进行评估，即采用市场比较法评估估价时点定为 2015 年 5 月 30 日的期房价格，再采用长期趋势法评估 2015 年 12 月 30 日的期房价格。

（二）估价作业步骤和时间、人员、经费安排

表1-2　　　　　　　　　　　　　估价作业进度安排

序号	作业步骤	完成时间	责任人	经费预算/元
1	现场查勘	4月1日	估价师××助理××	略
2	市场调查	4月1日	助理××	略
3	内业整理	4月2日	助理××	略
4	完成初评报告和初审	4月2日	助理××	略
5	二审	4月3日	估价师××	略
6	三审	4月3日	技术总监××	略
7	打印报告并送件	4月4日	文员××	略
8	存档	4月5日	文员××	略
9	收费	4月6日	业务员××	略

二、搜集估价所需资料

（一）搜集相关法律法规政策及技术依据资料

(1)《中华人民共和国土地管理法》；

(2)《中华人民共和国土地管理法实施条例》；

(3)《中华人民共和国城市房地产管理法》；

(4)《中华人民共和国城镇国有土地使用权出让和转让暂行条件》。

（二）搜集委托方提供资料

(1) 鸥鹏泊雅湾项目批准立项文件；

(2) 鸥鹏泊雅湾产品规划设计文件；

(3) 鸥鹏泊雅湾可行性研究报告。

（三）搜集相关技术依据资料

(1)《房地产估价规范》（中华人民共和国国家标准 GB/T 50291—2015）；

(2)《房地产估价报告评审标准》。

（四）搜集市场信息

市场比较法需要搜集大量的可比实例作为价格比较的依据，因此，可以通过多方途径进行可比实例的查找，如网络资料、实地调研、中介和售楼处走访等。其中，网络资料的查找主要借助一些房地产专业网站进行资料的查询，如搜房网、安居客、房价网、

房王网等。

通过网络资料的查找,笔者已经搜集到重庆大学城范围内所有楼盘的期房销售信息,如龙湖U城、台北城、宝嘉花与山、金科廊桥水乡、富力城、协信城立方、龙湖睿城等。

三、实地查勘估价对象

(一)准备工作

1. 估价对象的位置查找及交通路线的确定

在现场勘查之前,可通过百度地图的查找进行估价对象位置的查询。如果位置很难定位,还可以打电话给业主确定估价对象的位置。在位置确定后,可自行驾车或乘坐公交车、出租车等前往调研地点,但事先应查找不少于2条通往估价对象的交通线路图,以保证调研工作的顺利进行。

2. 调研及查勘工具的准备

调研之前需要精心准备好调研的相关工具,如指南针、地图、估价对象查勘表、笔、记事本、相机、手机等。指南针用于现场的寻路和估价对象方向的辨别;手机用来与业主沟通与联系;查勘表用来记录相关的调研信息;记事本用来标记业主提出的要求、问题或用于记录调研过程中不宜在查勘表中反映的问题;相机则用来对估价对象及周边环境拍照。

图 1-2 部分实地查勘必备工具

(二)实地调研

1. 查勘表的填写

期房查勘表应记载的内容包括以下三个方面。

(1)项目基本情况:估价对象位置、四至、估价对象用途、建筑结构、户型种类及面积区间、楼栋层数、景观设计、噪声污染情况、交房标准、交房日期、开盘日期、小区环境、容积率、建筑高度、建筑密度等。

(2)项目基础设施环境:供水、供电、供气、排水、消防等设施及设备情况。

(3) 项目周边配套：生活配套、交通配套、商业配套、金融配套、教育配套等。

2. 拍照

期房评估拍照要附以下几类照片：①期房的在建工程现状图；②期房楼盘名称；③小区内部环境图；④期房周边环境图；⑤小区规划图；⑥期房所在楼盘区域位置图。

图1-3 鸥鹏泊雅湾楼盘

图1-4 期房在建工程现状图

图1-5 鸥鹏泊雅湾小区景观图

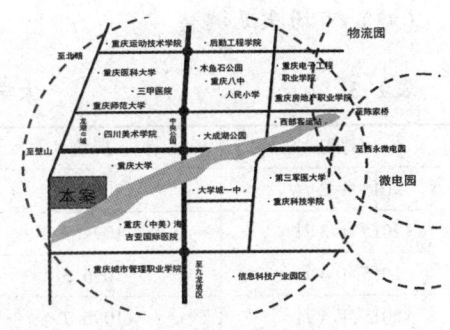

图1-6 楼盘区域位置图

图1-7 鸥鹏泊雅湾规划图

图1-8 鸥鹏泊雅湾周边环境

四、测算估价对象价值

(一) 选取可比实例

从众多交易实例中选出与估价对象在建筑规模、档次、建筑结构、交易日期、出让年限、区位、所在市场等都非常接近的期房案例作为市场比较法的可比实例,不少于三个。金科廊桥水乡、龙湖 U 城、旭阳台北城与估价对象的实物、权益、区位等因素非常类似,作为可比实例来进行估价对象的价格评估。

(二) 建立价格比较基准

本次搜集到的金科廊桥水乡、旭阳台北城、龙湖 U 城的期房价格均为建筑面积下的单价,分别为 6900,6750,6820 元/米^2,三个价格可以直接进行比较。

(三) 交易情况调整

可比实例金科廊桥水乡、旭阳台北城、龙湖 U 城的期房价格均为正常成交,故三个可比实例的交易情况修正系数均为 1。

(四) 市场状况调整

表 1-3　　　　　　　　　　大学城一手房交易价格指数表

日期	指数	环比/%	同比/%
2015 年 2 月	1091.4	0.03	-2.02
2015 年 3 月	1094.9	0.32	-1.68
2015 年 4 月	1096.5	0.15	-3.11
2015 年 5 月	1096.7	0.02	-2.2

据调查数据显示,重庆一手房住宅价格定基指数 2 月、3 月、4 月、5 月分别为 1091.4、1094.9、1096.5、1096.7,本次选取的是金科廊桥水乡、旭阳台北城、龙湖 U 城期房分别在 2015 年 3 月 30 日、2 月 28 日、4 月 30 日的平均成交价格,则

金科廊桥水乡期房的市场状况调整系数 = 1096.7/1094.9 ≈ 1.0016

旭阳台北城期房的市场状况调整系数 = 1096.7/1091.4 ≈ 1.0049

龙湖 U 城期房的市场状况调整系数 = 1096.7/1096.5 ≈ 1.0002

(五) 房地产状况调整

房地产状况调整是从区域因素和个别因素两个方面进行估价对象与可比实例的因素比较,选择对估价对象的价格有影响的因素作为比较因素,将调查到的情况客观地填入比较因素条件说明表,具体见表 1-4。然后将这些比较因素信息进行量化,转化成分值。具体来说,以估价对象为标准,各因素分值均设为 100,将可比实例与估价对象进

行比较，在某因素上，如果可比实例优于估价对象，则可比实例在 100 分基础上加分；如果可比实例劣于估价对象，则可比实例在 100 分基础上减分。加减的分值要综合分析估价对象和 3 个可比实例的情况比较而定。按此方法得出每个比较因素的分值，得到比较因素条件指数表，如表 1-5 所示。

表 1-4　　　　　　　　　　　　　比较因素条件说明表

比较项目		估价对象	可比实例 1	可比实例 2	可比实例 3
项目名称		鸥鹏泊雅湾	金科廊桥水乡	旭阳台北城	龙湖 U 城
期房均价(高层)/(元·米$^{-2}$)		—	套内均价 6900	套内均价 6750	套内均价 6820
一、交易日期		2015 年 5 月 30 日	2015 年 3 月 30 日	2015 年 2 月 28 日	2015 年 4 月 30 日
二、交易情况		正常	正常	正常	正常
三、区域因素	坐落位置	沙坪坝大学城，虎溪花园旁	沙坪坝大学城，南二路 166 号	沙坪坝大学城中路，重庆城市管理学院对面	大学城北路 94 号，四川美术学院斜对面
	交通便捷度	无公交车	273 路公交	271、264、273 路等多条公交线	272、241、273 路等多条公交线，临近轻轨 1 号线
	基础设施完善度	不完善	一般	较完善	完善
	周围环境	虎溪河畔缙云山脚下，自然环境优美	临近缙云山，环境优美	紧临重庆城市管理学院，人文环境较好	临近缙云山，环境优美
	距片区商业中心距离	开车 10 分钟	开车 10 分钟	开车 20 分钟	步行 10 分钟
	噪声污染度	噪声很小	噪声一般	临近主干道，噪声较大	临近主干道，噪声较大
四、个别因素	建筑结构	钢混	钢混	钢混	钢混
	楼盘规模	占地 299 亩，总建筑面积 56 万米^2	占地 1797 亩，总建筑面积 150 万米^2	占地 563 亩，109.5 万米^2	占地 886 亩，总建筑面积 138 万米^2
	容积率	2.8	1.25	2.9	2.3
	户型设计	合理，创新	一般	合理，较好	一般
	设施设备	电梯房	电梯房	电梯房	电梯房
	交房标准	毛坯	毛坯	毛坯	毛坯
	交房时间与交易时间差	14 个月	12 个月	15 个月	14 个月
	小区环境	环境优美，景观设计创新，绿化率达 35%	环境优美，景观设计较好，绿化率达 38%	环境一般，景观设计一般，绿化率达 30%	环境一般，景观设计一般，绿化率达 30%

表 1-5　　　　　　　　　　　　　比较因素条件指数表

比较项目		估价对象	可比实例 1	可比实例 2	可比实例 3
项目名称		鸥鹏泊雅湾	金科廊桥水乡	旭阳台北城	龙湖 U 城
期房均价（高层）/(元·米$^{-2}$)		—	套内均价 6900	套内均价 6750	套内均价 6820
一、交易日期		2015 年 5 月 30 日	2015 年 3 月 30 日	2015 年 2 月 28 日	2015 年 4 月 30 日
二、交易情况		正常	正常	正常	正常
三、区域因素	坐落位置	100	101	106	105
	交通便捷度	100	101	102	105
	基础设施完善度	100	101	103	102
	周围环境	100	102	101	101
	距片区商业中心距离	100	100	97	103
	噪声污染度	100	99	95	94
四、个别因素	建筑结构	100	100	100	100
	楼盘规模	100	104	102	103
	容积率	100	104	99	101
	户型设计	100	98	100	98
	设施设备	100	100	100	100
	交房标准	100	100	100	100
	交房时间与交易时间差	100	101	98	100
	小区环境	100	102	97	97
	合计得分	100	113	100	109

表1-5中可比实例合计得分的计算一般来说有三种方法，一是所有因素的分值求和再取平均值，这种方法计算比较容易理解，但是这样计算会弱化可比实例之间以及可比实例和估价对象之间差异。二是比值法，做法是求可比实例每个比较因素分值与估价对象比较因素分值的比值，然后连乘求乘积。三是差额法，做法是将可比实例和估价对象的差额值求和得到一个总的差额，再加上100，如果总差额为正值，合计得分大于100，如果总差额为负值，则合计得分小于100。

采用第三种方法计算各可比实例的合计得分，则

可比实例1的房地产状况调整系数：100/113=0.88

可比实例2的房地产状况调整系数：100/100=1

可比实例3的房地产状况调整系数：100/109=0.92

（六）求取比准价值

表1-6 比较因素修正系数表

比较项目	可比实例1	可比实例2	可比实例3
项目名称	金科廊桥水乡	旭阳台北城	龙湖U城
均价/(元·米$^{-2}$)	6900	6750	6820
交易情况修正系数	1	1	1
市场状况调整系数	1.0016	1.0049	1.0002
房地产状况调整系数	0.88	1	0.92

比准价值=可比实例成交价格×交易情况修正系数×市场状况调整系数×房地产状况调整系数

可比实例1 比准价值=6900×1×1.0016×0.88≈6082（元/米^2）

可比实例2 比准价值=6750×1×1.0049×1≈6783（元/米^2）

可比实例3 比准价值=6820×1×1.0002×0.92≈6276（元/米^2）

将上述三个比准价值的简单算术平均数作为市场比较法的测算结果，则该期房在2015年5月30日的市场均价为

最终比准价格=（6082+6783+6276）/3=6380（元/米^2）

任务二　运用长期趋势法评估期房价格

【学习目标】

知识目标

（1）了解长期趋势法的基本含义。
（2）了解长期趋势法的操作步骤。
（3）掌握数学曲线拟合法的算法。

技能目标

能够运用数学曲线拟合法进行期房价格的预测评估。

【项目概述】

任务一中通过市场比较法已经估算出了鸥鹏泊雅湾地块在2015年5月30日的价格为6380元/米²。评估估价对象在2015年12月30日的价格还需要运用长期趋势法进行价格的预测和评估。因此，本任务的内容是在市场比较法估算期房价格的基础上，运用长期趋势法，利用已有市场价格指数来预测2015年6月至12月的市场价格指数，将鸥鹏泊雅湾期房在2015年5月30日的价格修正到2015年12月30日的价格，以此得到期房的最终预售均价。

长期趋势法是一种利用市场价格指数数据结合市场变动趋势进行价格预测的估价方法。因此，运用长期趋势法进行期房价格的预测评估，需要在市场中查找近期的价格指数数据；要进行价格指数的预测，还需要预测未来的市场发展动态，比如价格每月等额递增、等比递增或递减。在这些基础数据搜集的基础上，把市场比较法估算出的期房在2015年5月30日的价格根据价格变动趋势进行修正即可。

【知识平台】

一、长期趋势法概述

1. 含义

长期趋势法是运用预测科学的有关理论和方法，特别是时间序列分析和回归分析，来推测、判断房地产未来价格的方法。

2. 理论依据

房地产的价格波动，从长期来看，会显现出一定的变动规律和发展趋势。

3. 适用的对象和条件

长期趋势法适用的对象是价格无明显季节性波动的房地产。

适用的条件是拥有估价对象或类似房地产较长时期的历史价格资料并且资料真实可靠。

4. 操作步骤

（1）搜集估价对象或类似房地产的历史价格资料；

（2）整理资料，使其具有可比性或具有相同的标准，并按时间排列资料的时间序列；

（3）观察、分析这个时间序列的特征，建立相应的模型；

（4）以此模型去推测、判断估价对象在估价时点的价格。

二、长期趋势法——数学曲线拟合法

长期趋势法主要有数学曲线拟合法、平均增减量法、平均发展速度法、移动平均法和指数修匀法。本次任务采用数学曲线拟合法进行期房价格的评估，故着重介绍此种方法。数学曲线拟合法主要有直线趋势法、指数曲线趋势法和二次抛物线趋势法。这里仅介绍其中最简单的直线趋势法。

运用直线趋势法估价，估价对象或类似房地产的历史价格的时间序列散布点图，应表现出明显的直线趋势。假设 Y 表示各期的房地产价格，X 表示时间，则 X 为自变量，Y 为因变量。房地产价格与时间的关系方程为

$$Y=a+bX$$

上式中，a、b 是未知参数，如果确定了 a 和 b 的值，直线的位置也就确定了。a 和 b 的计算方法为

$$a = \frac{\sum Y - b \sum X}{N}, \quad b = \frac{N \sum XY - \sum X \sum Y}{N \sum X^2 - (\sum X)^2}$$

当 $\sum X = 0$ 时，$a = \frac{\sum Y}{N}$，$b = \frac{\sum XY}{\sum X^2}$

在上述公式中，N 为时间序列的项数；$\sum X$，$\sum X^2$，$\sum Y$，$\sum XY$ 的值可以从时间序列的实际值中求得。

在手工计算的情况下，为了减少计算的工作量，可使 $\sum X = 0$，方法是：当时间序列的项数为奇数时，设中间项的 $X = 0$，中间项之前的项依次设为 -1，-2，-3，后面的项 X 设为 1，2，3，…；当时间序列的项数为偶数时，以中间两项相对称，前面的项 X 设为 -1，-2，-3，…，后面的项 X 设为 1，2，3，…。

例 1-7 某城市某类商品住宅 2002—2010 年的价格见表 1-7。请拟合直线趋势方程，并预测 2011 年和 2012 年该城市商品住宅的价格。

表 1-7 某城市某类商品住宅 2002—2010 年的价格

年份	2002	2003	2004	2005	2006	2007	2008	2009	2010
商品住宅价格/(元·米$^{-2}$)	2200	2400	2700	3000	3400	3800	4200	4700	5300

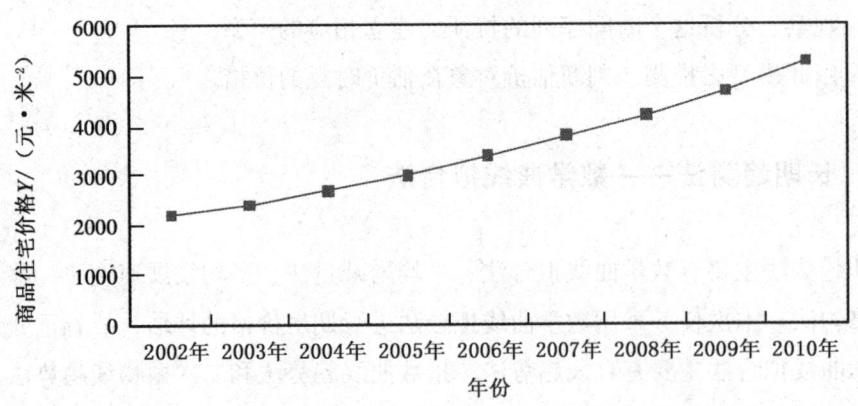

图 1-9 某城市某类商品住宅 2002—2010 年的价格折线图

计算过程：

（1）2002 至 2010 年之间共有 9 年，设中间第 5 年的 $X = 0$，前面的分别为 -1，-2，-3，-4，后面的为 1，2，3，4（见表 1-8 第 2 列）。

（2）设商品住宅价格为 Y，依次求出 XY 的值（见表 1-8 第 4 列），X^2 的值（见表 1-8 第 5 列）。再求出 $\sum X$、$\sum Y$、$\sum XY$、$\sum X^2$ 的值。

表 1-8　　　　　　　　　　　　　　长期趋势直线方程计算过程

年份	时间 X/年	商品住宅价格 Y /(元·米$^{-2}$)	XY	X^2
2002	-4	2200	-8800	16
2003	-3	2400	-7200	9
2004	-2	2700	-5400	4
2005	-1	2000	-2000	1
2006	0	3400	0	0
2007	1	3800	3800	1
2008	2	4200	8400	4
2009	3	4700	14100	9
2010	4	5300	21200	16
总计	$\sum X = 0$	$\sum Y = 31700$	$\sum XY = 23100$	$\sum X^2 = 60$

（3）求 a 和 b。

$$a = \frac{\sum Y}{N} = \frac{31700}{9} = 3522.22$$

$$b = \frac{\sum XY}{\sum X^2} = \frac{23100}{60} = 385$$

因此，描述该类商品住宅价格变动长期趋势的直线方程为

$Y = a + bX = 3522.22 + 385X$

（4）预测价格。

预测该城市该类商品住宅 2011 年的价格：

$Y = 3522.22 + 385X = 3522.22 + 385 \times 5 = 5447.22$（元/米^2）

预测该城市该类商品住宅 2012 年的价格：

$Y = 3522.22 + 385X = 3522.22 + 385 \times 6 = 5832.22$（元/米^2）

【任务实施】

（一）重庆市一手房价格指数的查找

表 1-9　　　　　　　　　　　　　　重庆一手房交易价格指数表

日期	指数	环比/%	同比/%
2014 年 5 月	1121.3	-0.92	7.02
2014 年 6 月	1118.9	-0.22	6.65

续表 1-9

日期	指数	环比/%	同比/%
2014 年 7 月	1115.5	-0.30	5.97
2014 年 8 月	1120.0	0.41	5.20
2014 年 9 月	1121.4	0.12	4.44
2014 年 10 月	1088.9	-2.90	1.25
2014 年 11 月	1079.7	-0.84	-1.35
2014 年 12 月	1081.8	0.19	-1.73
2015 年 1 月	1091.1	0.86	-2.64
2015 年 2 月	1091.4	0.03	-2.02
2015 年 3 月	1094.9	0.32	-1.68
2015 年 4 月	1096.5	0.15	-3.11
2015 年 5 月	1096.7	0.02	-2.2

（二）定基指数预测

（1）2014 年 5 月至 2015 年 5 月共计 13 个月，设 2014 年 11 月为 $X=0$，则 2014 年 10 月至 2014 年 5 月分别为 -1、-2、-3、-4、-5、-6，2014 年 12 月至 2015 年 5 月分别为 1、2、3、4、5、6。

（2）设商品住宅价格指数为 Y，依次求出 XY 的值、X^2 的值，再求出 $\sum X$、$\sum Y$、$\sum XY$、$\sum X^2$ 的值，见表 1-10。

表 1-10　　　　　　　　　　长期趋势直线方程计算过程

日期	环比/%	时间 X/年	商品住宅价格指数 Y	XY	X^2
2014 年 5 月	-0.92	-6	1121.30	-6727.80	36.00
2014 年 6 月	-0.22	-5	1118.90	-5594.50	25.00
2014 年 7 月	-0.30	-4	1115.50	-4462.00	16.00
2014 年 8 月	0.41	-3	1120.00	-3360.00	9.00
2014 年 9 月	0.12	-2	1121.40	-2242.80	4.00
2014 年 10 月	-2.90	-1	1088.90	-1088.90	1.00
2014 年 11 月	-0.84	0	1079.70	0.00	0.00
2014 年 12 月	0.19	1	1081.80	1081.80	1.00
2015 年 1 月	0.86	2	1091.10	2182.20	4.00

续表 1-10

日期	环比/%	时间 X/年	商品住宅价格指数 Y	XY	X^2
2015 年 2 月	0.03	3	1091.40	3274.20	9.00
2015 年 3 月	0.32	4	1094.90	4379.60	16.00
2015 年 4 月	0.15	5	1096.50	5482.50	25.00
2015 年 5 月	0.02	6	1096.70	6580.20	36.00
总计	—	$\sum X = 0$	$\sum Y = 14318.10$	$\sum XY = -495.50$	$\sum X^2 = 182$

（3）求 a 和 b。

$$a = \frac{\sum Y}{N} = \frac{14318.1}{13} \approx 1101.39, \quad b = \frac{\sum XY}{\sum X^2} = \frac{-495.5}{182} \approx -2.72$$

因此，描述该期房价格指数变动长期趋势的直线方程为

$$Y = a + bX = 1101.39 - 2.72X$$

（4）预测该城市该类商品住宅 2015 年 12 月 30 日的价格指数。

由于 2015 年 5 月的时间序号为 6，则 2015 年 12 月的时间序号为 13，带入公式，

$$Y = a + bX = 1101.39 - 2.72X = 1101.39 - 2.72 \times 13 = 1066.03$$

（5）预测该城市该类商品住宅 2015 年 12 月 30 日的期房价格为：

$$P = 6381 \times \frac{1066.03}{1096.70} = 6202.55(元／米^2)$$

【练习题】

1. 评估某宗房地产 2005 年 9 月末的价格，选取的可比实例成交价格为 3000 元/米^2，成交日期为 2005 年 1 月末，该类房地产自 2005 年 1 月末至 2005 年 9 月末的价格每月与上月的变动幅度为 1.5%，2.5%，0.5%，-1.5%，-2.5%，-1.0%，1.5%，-1.5%，0%。计算该可比实例在 2005 年 9 月末的价格。

2. 某房地产在 2006 年 3 月的价格为 2009 元/米^2，现要调整为 2006 年 9 月的价格。已知该类房地产 2006 年 3 月至 9 月的价格指数分别为：99.4，94.8，966，105.1，109.3，112.7 和 118.3（均以上个月为基数 100），计算该房地产 2006 年 9 月的价格。

3. 在市场比较法中，对房地产状况进行间接比较调整，其中可比实例的房地产状况优于标准房地产状况，为 102 分；估价对象的房地产状况劣于标准房地产状况，为 97 分。请计算房地产状况修正系数。

4. 市场比较法中，采用间接比较对可比实例价格进行个别因素修正，其中可比实例的个别因素优于标准个别因素，为 103 分，估价对象的个别因素劣于标准个别因素，

为 98 分，计算个别因素修正系数。

5. 某地区商品住宅 1997—2002 年价格分别为 3100 元/米²、3260 元/米²、3440 元/米²、3620 元/米²、3800 元/米²、3980 元/米²，采用平均发展速度法预测 2003 年商品住宅价格。

6. 某地区商品住宅价格 2000—2004 年分别为 681 元/米²、712 元/米²、744 元/米²、781 元/米² 和 815 元/米²，采用平均增减量法预测该地区商品住宅 2006 年的价格。

项目二　二手住宅评估

【学习目标】

知识目标

（1）掌握市场比较法的操作步骤。
（2）掌握交易情况修正方法。
（3）了解实地查勘的内容和要点。

技能目标

（1）能对估价对象进行实地查勘。
（2）能运用市场比较法测算估价对象价值。

【项目概述】

现接到某经纪公司委托，评估一套二手住宅交易计税价值。估价对象为位于重庆市沙坪坝区陈家桥镇碧祥路 5 号碧水云天 1 幢 6-6，建筑面积 71 米²，分摊国有土地使用权面积为 20.9 米² 的住宅用房地产，估价时点 2015 年 4 月 1 日。

从理论上讲，住宅评估可以采用市场比较法、收益法、成本法。这里介绍市场比较法评估二手住宅的过程。运用市场比较法进行二手住宅评估，主要是利用市场上类似房地产的交易实例，并对其价格进行一系列的调整和修正，来求取估价对象在估价时点的价格。

用市场比较法评估二手住宅的步骤如图 2-1 所示。

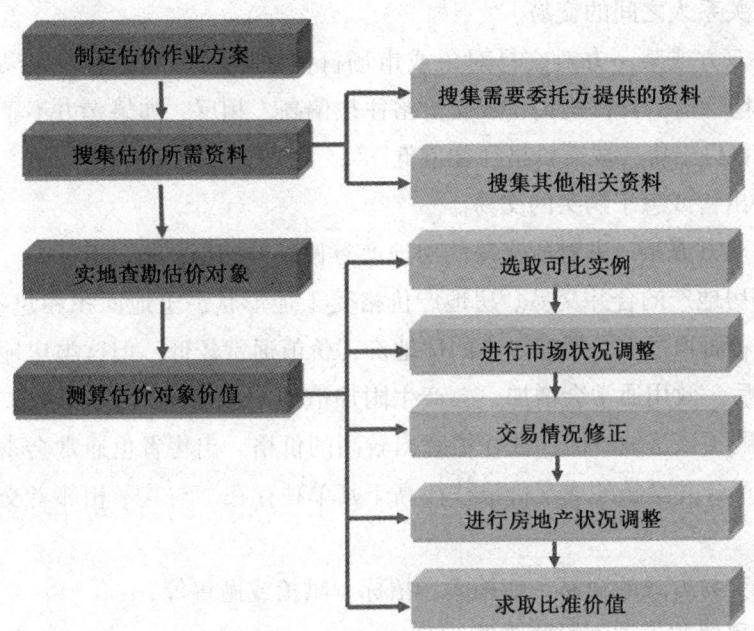

图 2-1 用市场比较法评估二手住宅操作步骤

【知识平台】

在项目一中已详细介绍了市场比较法的内容，由于期房的交易发生在开发商与消费者之间，一般不存在非正常交易的情况，而二手住宅的交易情况复杂，非正常交易情况较普遍，尤其是交易税费非正常负担的情况。因此这里重点介绍引起非正常交易的情况以及修正方法。

一、交易情况修正的含义

（一）交易情况修正的含义

可比实例的成交价格是实际发生的，它可能是正常的，也可能是不正常的。由于要求评估的估价对象的价值是客观合理的，所以，如果可比实例的成交价格是不正常的，则应将它修正为正常的。这种对可比实例成交价格进行的修正，称为交易情况修正。因此，经过交易情况修正之后，就将可比实例的实际而可能是不正常的成交价格，变成了正常市场价格。

（二）引起非正常交易的情况

造成成交价格偏离正常市场价格的情况归纳起来主要有以下几方面。

（1）强迫出售或强迫购买的交易。

(2) 利害关系人之间的交易。

(3) 交易双方或某一方对交易对象或市场行情缺乏了解的交易。如果买方不了解交易对象或市场行情，盲目购买，成交价格往往偏高。相反，如果卖方不了解交易对象或市场行情，盲目出售，成交价格往往偏低。

(4) 急于出售或急于购买的交易。

(5) 交易双方或某一方对所交易的房地产有偏好的交易。

(6) 相邻房地产的合并交易。房地产价格受土地形状、土地面积和建筑规模影响。形状不规则或者面积过小、规模过小的房地产，价值通常较低。但这类房地产如果与相邻房地产合并后，效用通常会增加，会产生附加值或"结合价值"。因此，当相邻房地产的拥有者欲购买该房地产时，往往愿意出较高的价格。出售者也通常会索要高价。所以，相邻房地产合并交易的成交价格往往高于其单独存在、与其不相邻者交易时的正常市场价格。

(7) 特殊交易方式的交易，如拍卖、招标、哄抬或抛售等。

(8) 交易税费非正常负担的交易。

(9) 受迷信影响的交易。

(三) 交易情况修正的方法

交易情况修正一般采用百分率法，一般公式为

$$可比实例正常市场价格 = 可比实例成交价格 \times 交易情况修正系数$$

其中，交易情况修正系数应以正常市场价格为基准来确定。假设可比实例成交价格比其正常市场价格高或低 $S\%$，则

$$可比实例成交价格 = 可比实例正常市场价格 \times (1 \pm S\%)$$

因此，

$$可比实例正常市场价格 = 可比实例成交价格 \times \frac{1}{1 \pm S\%}$$

通过上述公式可知：交易情况修正系数是 $\frac{1}{1 \pm S\%}$。

二、交易税费非正常负担的修正

在房地产交易环节往往需要缴纳一些税费，如营业税、城市维护建设税、教育费附加、所得税、土地增值税、契税、印花税、交易手续费、公证费、补交土地使用权出让金等费用。根据《中华人民共和国税法》（以下简称《税法》）及中央和地方政府的有关规定，有的税费应由买方缴纳，如契税、补交土地使用权出让金等费用；有的税费则买卖双方都应缴纳或者各负担一部分，如印花税、交易手续费。

正常成交价格是指在买卖双方各自缴纳自己应缴纳的交易税费下的价格。但在实际的房地产交易中，往往出现本应由卖方缴纳的税费，买卖双方协议由买方缴纳；或者本应由买方缴纳的税费，买卖双方协议由卖方缴纳；或者本应各自负担一部分，买卖双方协议全部由买方或卖方缴纳。

对于交易税费非正常负担的修正，只要调查了解清楚实际情况，掌握《税法》及中央和地方政府的有关规定，按照公式修正为买卖双方各自承担自己应缴纳的税费下的价格。

修正公式如下：

卖方实得金额＝正常成交价格－应由卖方缴纳的税费

买方实付金额＝正常成交价格＋应由买方缴纳的税费

如果卖方、买方应缴纳的税费是正常成交价格的一定比率，则

卖方实得金额＝正常成交价格×（1－应由卖方缴纳的税费比率）

买方实付金额＝正常成交价格×（1＋应由买方缴纳的税费比率）

则

$$正常成交价格=\frac{卖方实得金额}{1-应由卖方缴纳的税费比率}$$

$$正常成交价格=\frac{买方实付金额}{1+应由买方缴纳的税费比率}$$

其中，$\frac{1}{1-应由卖方缴纳的税费比率}$ 或者 $\frac{1}{1+应由买方缴纳的税费比率}$ 即这种情况下的交易情况修正系数。

在实际估价过程中，最关键的是分析可比实例的成交价格是卖方实得金额还是买方实付金额。

例 2-1 某二手住宅正常成交价格为 50 万元，卖方应缴纳的税费比率为正常成交价格的 7%，买方应缴纳的税费比率为正常成交价格的 5%，请计算卖方实际得到的金额和买方实际付出的金额。

解：卖方实际得到的金额＝正常成交价格×（1－应由卖方缴纳的税费比率）

$$=50×（1-7\%）=46.5（万元）$$

买方实际付出的金额＝正常成交价格×（1＋应由买方缴纳的税费比率）

$$=50×（1+5\%）=52.5（万元）$$

例 2-2 某二手住宅交易，买卖双方在合同中约定买方付给卖方 46.5 万元，买卖中涉及的税费均由买方承担。当地房地产买卖中应由卖方、买方缴纳的税费分别为正常成交价格的 7% 和 5%。请计算该二手住宅的正常成交价格。

解：46.5 万元为卖方实得金额，

$$正常成交价格 = \frac{卖方实得金额}{1-应由卖方缴纳的税费比率} = \frac{46.5}{1-7\%} = 50（万元）$$

【任务实施】

一、制定估价作业方案

（一）拟采用的估价技术路线和估价方法

房地产估价技术路线就是估价人员模拟房地产价格形成过程、揭示房地产价格内涵时的思路。而房地产估价方法本身也反映了人们对房地产价格形成过程的认识，可以说，每种房地产估价方法都体现了一种技术路线。

二手住宅评估可以采用市场比较法、收益法、成本法等。本任务中估价对象所在区域为住宅区，周边楼盘较多，住宅交易频繁，非常适合采用市场比较法评估。

（二）估价作业步骤和时间、人员、经费安排

表2-1　　　　　　　　估价作业步骤和时间、人员、经费安排

序号	作业步骤	完成时间	责任人	经费预算/元
1	现场查勘	4月1日	估价师××助理××	略
2	市场调查	4月1日	助理××	略
3	内业整理	4月2日	助理××	略
4	完成初评报告和初审	4月2日	助理××	略
5	二审	4月3日	估价师××	略
6	三审	4月3日	技术总监××	略
7	打印报告并送件	4月4日	文员××	略
8	存档	4月5日	文员××	略
9	收费	4月6日	业务员××	略

二、搜集估价所需资料

（一）搜集相关法律法规政策信息及技术依据资料

(1)《中华人民共和国城市房地产管理法》；

(2)《中华人民共和国土地管理法》；

(3)《房地产估价规范》(中华人民共和国国家标准 GB/T 50291—2015);
(4)《城市房地产市场估价管理暂行办法》;
(5)《重庆市房地产交易管理办法》;
(6)《房地产估价报告评审标准》。

(二) 搜集委托方提供的资料

二手住宅评估委托方提供的资料通常是房产证原件和复印件。核对原件的目的是为了保证估价对象基本信息的真实性和准确性,防止客户在复印件中伪造、篡改房产证上的资料,合理规避风险。还可以要求委托方去房地产管理部门或者不动产登记部门查询房屋产权状况,如是否有查封、抵押、异议登记、上市交易时限等限制信息。

(三) 搜集市场信息

二手住宅市场交易活跃,适合用市场比较法来评估,而市场比较法需要搜集大量交易实例信息。可以从以下 5 个渠道来搜集市场信息。

(1) 房地产专业门户网站,如搜房网、安居客。
(2) 分类网站房地产板块,如赶集网、58 同城。
(3) 房地产行政管理部门网站,如自然资源部和地方房屋管理局网站。
(4) 估价机构自建的数据库。
(5) 经纪公司数据库。

三、实地查勘估价对象

(一) 准备工作

(1) 在实地查勘前要与委托方取得联系,再次确认估价对象地址,确定查勘现场的具体时间和见面地址,并初步了解估价对象的大体情况,确定实地查勘重点。
(2) 通过网络或其他渠道查询估价对象的地址和交通路线图,确定前往方式和路线。
(3) 携带好记录表、签字笔、相机、必要的测量工具、实地查勘表等。

(二) 实地查勘要点

(1) 项目基本情况:估价对象位置、四至、楼盘名称;估价对象用途、建筑结构、户型结构、楼层、朝向、景观;估价对象通风、采光、噪声状况等。
(2) 住宅装修情况:外墙、内墙、地面、天花板、厨房、卫生间、门窗、楼梯间、公共通道等部位的装饰装修情况。
(3) 基础设施情况:供电、供水、供气、排水、交通设施、通信、消防等设施设备情况。

（4）配套设施情况：包括与购房人购买房屋所在小区建设相配套的停车设施、娱乐设施及教育、商业、饮食等各种公共建筑。

（三）填写查勘表

表 2-2　　　　　　　　　　　　二手住宅现场查勘表

项目基本情况	估价对象			建筑面积	约　　米^2
	楼盘名称		区内期数，名称		期　　栋
	估价对象四至	东面临	南面临		
		西面临	北面临		
	结构层次	钢混/混合/砖木　共　层	评估楼层	第　层（自然层第　层）本层　户	
	法定用途	住宅/写字楼/商铺车库/厂房	现状用途	住宅/办公/商品/仓库（自用/出租/闲置）	
	楼龄	年　朝向及景观	户型	房　厅　厨　卫　阳台（平台/天台板/花园）	
	噪声	安静/较小/一般/较大	通光采光	差/较差/一般/较好/良好	
住宅装修情况		基本状况		使用情况	
	楼梯间	地面：　　　　墙面： 天花板：　　　其他：		完好　轻度破损　一般破损　严重破损	
	公共通道	地面：　　　　墙面： 天花板：　　　其他：		完好　轻度破损　一般破损　严重破损	
	外墙	砂浆　外墙漆　清水墙　水刷石 马赛克　条形瓷砖　锦砖石材 玻璃幕墙		完好　轻度破损　一般破损　严重破损	
	内墙	厅：刷白　扇灰　涂料　乳胶漆　墙纸 喷涂　木装饰（　）米瓷片		完好　轻度破损　一般破损　严重破损	
		房：刷白　扇灰　涂料　乳胶漆 墙纸　喷涂　木装饰（　）米瓷片		完好　轻度破损　一般破损　严重破损	
	档次	毛坯、低、中、高、豪装		完好　轻度破损　一般破损　严重破损	
	地面	厅：水泥砂找平　地板胶　地毯 马赛克　水磨石　耐磨砖　抛光砖 石材　木地板		完好　轻度破损　一般破损　严重破损	
		房：水泥砂找平　地板胶　地毯 马赛克　水磨石　耐磨砖　抛光砖 石材　木地板		完好　轻度破损　一般破损　严重破损	

续表 2-2

住宅装修情况	天花板	厅：刷白 扇灰 石棉板 乳胶漆 墙纸 吊平顶 木吊顶 立体吊顶	完好 轻度破损 一般破损 严重破损
		房：刷白 扇灰 石棉板 乳胶漆 墙纸 吊平顶 木吊顶 立体吊顶	完好 轻度破损 一般破损 严重破损
	厨房	地面：水泥砂 马赛克 耐磨砖 防滑砖 抛光砖	完好 轻度破损 一般破损 严重破损
		墙面：乳胶漆约（　）米瓷片墙裙 瓷片到顶	完好 轻度破损 一般破损 严重破损
		天花：乳胶漆、塑胶扣板 铝合金扣板	完好 轻度破损 一般破损 严重破损
		厨柜 水泥灶	完好 轻度破损 一般破损 严重破损
	卫生间	地面：水泥砂 马赛克 耐磨砖 防滑砖 抛光砖	完好 轻度破损 一般破损 严重破损
		墙面：乳胶漆约（　）米瓷片墙裙 瓷片到顶	完好 轻度破损 一般破损 严重破损
		天花：乳胶漆、塑胶扣板 铝合金扣板	完好 轻度破损 一般破损 严重破损
		卫生洁具：蹲厕 坐厕 洗手盆 沐浴间 浴缸	完好 轻度破损 一般破损 严重破损
	门窗	入室门：不锈钢门 铁门 玻璃门 拉闸门 实木门 木板门	完好 轻度破损 一般破损 严重破损
		房门：铁门 玻璃门 实木门 防火门 木板门	完好 轻度破损 一般破损 严重破损
		窗：落地铝合金窗 铝合金 飘窗 铝合金窗 钢窗 铁窗 木窗	完好 轻度破损 一般破损 严重破损
基础设施		①（　）部电梯［本层停（　）部电梯］；（　）部楼梯	②空调（中央空调 分体空调 柜式空调）
		③供水（明装 暗装）；供电（明装 暗装）	④供气（管道煤气 液化石油气）
		⑤通信（电话线路 有线电视线路 宽带）	⑥消防（消防栓 烟感喷淋 灭火剂）
		⑦安全监控（电子防盗门 可视电子系统 24小时保安）	⑧车位［地下（　）层停车库 露天车位 架空层车位］

续表 2-2

配套设施	附近"＿＿＿＿＿"公交车站，有＿＿＿＿＿等多条公交线路经过，步行约（　）分钟可到达地铁（　）号线"＿＿＿＿＿"站出入口，交通：方便/较方便/一般
	周边有＿＿＿＿＿楼盘；
	有＿＿＿＿＿超市；
	有＿＿＿＿＿市场；
	有＿＿＿＿＿学校；
	有＿＿＿＿＿邮局；＿＿＿＿＿银行；
	有＿＿＿＿＿医院等生活配套设施
	估价对象为（全封闭/半封闭/开放式）大院/小区/大厦；有/无物业管理，管理费：＿＿＿元/（米²·建筑面积）
	内部设有　会所/　　超市/　肉菜市场/　　学校/游泳池/球场/康体设施/商业街等配套设施，所在楼宇　　层为商业，　　层以上为住宅
售价：＿＿＿万元	卖方税费由　卖方/买方　承担　　产权是否满 5 年：　是　否

勘查人员：

勘查日期：　　年　　月　　日

（四）现场拍照

一般来说，用市场比较法评估二手住宅需要至少 8 张照片，分别是估价对象所在楼栋外观、楼栋地址牌、估价对象门牌、客厅、卧室、厨房、卫生间、外景，必要的时候可以录制视频。

1. 楼栋外观拍摄要点

（1）要尽量将整栋楼都拍下来。

（2）拍摄取景的时候尽量避开行人。

2. 楼栋地址牌或门牌拍摄要点

（1）地址牌或门牌号一定要清晰可见，与房产证上的地址要保持一致。

（2）遇到地址牌或门牌号不清晰的，或者完全找不到的，必须在楼栋入口处和估价对象门口各拍摄一张照片，以证明现场查勘对象没有搞错。

3. 室内拍摄要点

（1）天花板、地板都要拍摄到，缺一不可。实在无法兼顾的时候，优先保证拍摄到地板，不能只拍天花板。

（2）选择拍摄的角度应尽可能呈现其空间布局。

（3）避免照片中有人出现。有些住宅是有人居住的，可以在拍照前跟住户协调一下，避免其出现在照片中。

（4）光线不足的时候要补充光源或开灯拍摄。

（5）房间数量不止一个的时候，每个房间都要拍摄照片，然后从中挑出效果最好的作为房间照的代表。

4. 外景拍摄要点

通常会在阳台上或窗户旁，选择景观最好的视角拍摄。

5. 照片检查要点

拍完现场查勘照片后，在离开的时候除了要让领勘人在查勘表上签字确认外，还要记得检查照片数量和质量是否达标。

楼栋外观

楼栋地址牌

估价对象门牌

厨房

卫生间

外景

卧室

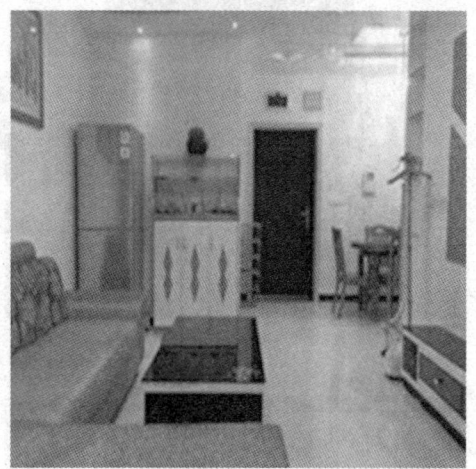
客厅

图 2-2　现场拍照

四、测算估价对象价值

（一）选取可比实例

通过估价人员对该区域市场调查后取得的资料，估价人员在同一小区选取了下面具有替代性和相关性的三个可比实例。

（1）可比实例 A：碧水云天 9 幢 12-6。

（2）可比实例 B：碧水云天 3 幢 9-7。

（3）可比实例 C：碧水云天 12 幢 20-3。

估价对象与可比实例的基本情况如表 2-3 所示。

表 2-3　　　　　　　　　　　估价对象与可比实例基本情况

估价对象与可比实例 比较项目	估价对象	可比实例 A	可比实例 B	可比实例 C
名　称	碧水云天 1 幢 6-6	碧水云天 9 幢 12-6	碧水云天 3 幢 9-7	碧水云天 12 幢 20-3
坐　落	沙坪坝区陈家桥镇碧祥路 5 号	沙坪坝区陈家桥镇碧祥路 5 号	沙坪坝区陈家桥镇碧祥路 5 号	沙坪坝区陈家桥镇碧祥路 5 号
建筑结构	钢混结构	钢混结构	钢混结构	钢混结构
建筑面积/米^2	71	85	76	81
交易情况	—	买卖双方税费全部由买方承担	买卖双方税费全部由买方承担	买卖双方税费全部由买方承担
交易日期	2015 年 4 月 1 日	2014 年 10 月 5 日	2015 年 1 月 3 日	2014 年 12 月 2 日
成交价格/（元·米$^{-2}$）	待估	6000	6300	6000

（二）计算交易情况修正系数

根据调查，三个可比实例交易情况均不正常，买卖双方的税费都由买方承担。根据可比实例成交时重庆市对普通住宅二手房交易税费的规定（表 2-4），以及买卖双方是否唯一住房等情况，可比实例 A 买卖双方应缴纳的税费分别为 1%、6.6%，可比实例 B 买卖双方应缴纳的税费分别为 3%、6.6%，可比实例 C 买卖双方应缴纳的税费分别为 1.5%、6.6%。因此，可比实例 A、B、C 的交易情况修正系数均为 $\dfrac{1}{1-6.6\%}=1.07$。

表 2-4　　　　　　　　　　　重庆市普通住宅二手房交易税费规定

	税费项目	计算依据
卖方应缴纳的税费	营业税、城市维护建设税、教育附加费（两税一费，简称营业税及附加）	①按成交价计征，税率为 5.6%； ②房产证登记时间满 5 年的免征
	个人所得税	①能够提供原始购房发票的，按成交价减去原购房价及相关费用的差额计征，税率为 20%； ②不能提供原始购房发票的，按成交价计征，税率为 1%； ③房产证满 5 年，并且是家里唯一住房，免征个人所得税
买方应缴纳的税费	契税	①首次购房，面积低于 90 平的，按成交价计征，税率为 1%； ②其他情况下按成交价计征，税率为 1.5%

（三）计算市场状况调整系数

根据搜集到的市场资料，重庆市二手房价格指数表如表 2-5 所示。因此，

可比实例 A 的市场状况调整系数：$\dfrac{1116.2}{1046.6}=1.0665$

可比实例 B 的市场状况调整系数：$\dfrac{1116.2}{1101.7}=1.0132$

可比实例 C 的市场状况调整系数：$\dfrac{1116.2}{1083.1}=1.0306$

表 2-5　　　　　　　　　　重庆市二手房价格指数表

日期	指数	环比/%
2014 年 2 月	1000.2	0.02
2014 年 3 月	1004.8	0.46
2014 年 4 月	1011.1	0.63
2014 年 5 月	1011.5	0.03
2014 年 6 月	1012.2	0.07
2014 年 7 月	1009.9	−0.22
2014 年 8 月	1011.6	0.17
2014 年 9 月	1031.3	1.95
2014 年 10 月	1046.6	1.48
2014 年 11 月	1062.8	1.55
2014 年 12 月	1083.1	1.91
2015 年 1 月	1101.7	1.72
2015 年 2 月	1120.7	1.73
2015 年 3 月	1118.4	−0.21
2015 年 4 月	1116.2	−0.19

（四）计算房地产状况调整系数

（1）由于可比实例来源于同一小区，区域因素相同，因此选择楼层、朝向、景观等个别因素作为比较因素。估价对象和可比实例比较因素选择和条件说明如表 2-6 所示。

表 2-6　　　　　　　　　　　　　　比较因素条件说明表

比较因素		估价对象和可比实例			
		碧水云天	碧水云天	碧水云天	碧水云天
交易情况		—	买卖双方税费全部由买方承担	买卖双方税费全部由买方承担	买卖双方税费全部由买方承担
交易日期		—	2014年10月5日	2015年1月3日	2014年12月2日
个别因素	所在楼层	6层	12层	9层	20层
	朝向	南	北	南	东
	景观	虎溪机电厂	虎溪机电厂	中庭	滨河广场
	采光	良好	良好	良好	卫生间暗房
	建筑面积	71	85	76	81
	户型	两室一厅一厨一卫	两室两厅一厨一卫	两室一厅一厨一卫	两室两厅一厨一卫

（2）比较因素条件指数表的确定。

以估价对象的区域因素和个别因素为基础，相应指数为100。估价人员将可比实例相应因素条件与估价对象相比较确定相应的指数，见表2-7。

表 2-7　　　　　　　　　　　　　　比较因素条件指数表

比较因素		估价对象和可比实例			
		碧水云天	碧水云天	碧水云天	碧水云天
交易情况		—	买卖双方税费全部由买方承担	买卖双方税费全部由买方承担	买卖双方税费全部由买方承担
交易日期		—	2014年10月5日	2015年1月3日	2014年12月2日
个别因素	所在楼层	100	98	99	100
	朝向	100	97	100	99
	景观	100	100	101	102
	采光	100	100	100	97
	建筑面积	100	97	99	98
	户型	100	101	100	101
合计		100	93	99	97

（五）计算比准价格

根据可比实例房地产的销售价格、交易情况修正系数、市场状况调整系数和房地产状况调整系数，计算估价对象的比准价格。比准价格的计算过程列示于表2-8。

比准价格$_A$ = 6000×1.07×1.0665×100/93 = 7362（元/米^2）

比准价格$_B$ = 6300×1.07×1.0132×100/99 = 6899（元/米^2）

比准价格$_C$ = 6000×1.07×1.0306×100/97 = 6821（元/米^2）

表 2-8　　　　　　　　　　　　　比准价格计算表

修正项目	可比实例		
	可比实例 A	可比实例 B	可比实例 C
成交价格/(元·米$^{-2}$)	6000	6300	6000
交易日期	2014年10月5日	2015年1月3日	2014年12月2日
交易状况调整系数	1.07	1.07	1.07
市场状况调整系数	1.0665	1.0132	1.0306
房地产状况调整系数	100/93	100/99	100/97
比准价格	7362	6899	6821

（六）求取估价对象价格

因为求得的比准价格差较大，可比实例 B 与估价对象最接近，故取上述三个比准价格的加权平均法作为估价对象的评估单价，即

评估单价 = 比准价格$_A$×25% + 比准价格$_B$×50% + 比准价格$_C$×25%

　　　　 = 7000（元/米^2）（取整到十位）

估价对象房地产总价 = 7000×71 = 49.70（万元）

【练习题】

1. 某地区房地产交易中卖方、买方应缴纳的税费分别为正常成交价格的 7% 和 8%。某宗房地产交易，买方付给卖方 297 万元，应缴纳的税费均由卖方负担。请计算该宗房地产的正常成交价格。

2. 某地区房地产交易中买方和卖方应缴纳的税费分别为正常交易价格的 3% 和 6%，某宗房地产建筑面积为 120 米^2，买卖双方商定，买方付给卖方 30 万元，并由买方缴纳所有的税费。请计算该宗房地产的正常成交单价。

3. 某宗房地产的成交价格比正常价格低 8%，买卖双方约定所有交易税费均由买方负担。当地该类房地产交易中卖方和买方应缴纳的税费分别为正常价格的 5% 和 3%。现将该房地产交易实例选作可比实例，计算其相应的修正系数。

4. 评估某估价对象 2011 年 10 月 15 日的市场价格，选取的可比实例价格情况：交易日期为 2011 年 4 月 15 日，按买卖双方约定，买方付给卖方 7000 元/米^2，交易中涉及的税费全部由卖方支付。该地区买方和卖方应缴纳的税费分别为正常交易价格的 3% 和 6%。已知最近 1 年来该地区房地产价格每月环比增长 0.5%，请计算该可比实例经修正、调整后的价格。

项目三　商铺评估

【学习目标】

知识目标

（1）熟悉收益法的基本原理。
（2）掌握收益法的操作步骤。
（3）掌握净收益每年不变的公式的含义及应用。
（4）了解净收益按等差级数和等比级数变化的公式及应用。
（5）掌握净收益的求取方法。
（6）了解报酬率的求取方法。

技能目标

能运用收益法评估商铺价值。

【项目概述】

现接到工商银行委托，评估一套位于江北区建北一支路 8 号裙楼 1815 号的商铺抵押价值。该商铺建筑面积为 27.49 米^2（套内面积 14.95 米^2）。估价时点：2015 年 4 月 1 日。

从理论上讲，商业房地产估价适合采用市场比较法、收益法、成本法。从实践来看，商业房地产不适合采用成本法评估。一方面，成本法会造成估价结果低于估价对象的真实价值；另一方面，应用成本法评估单套商铺时，在分摊基础设施、配套设施等成本方面的计算过于复杂。所以在商铺评估过程中，除非市场比较法和收益法均不适用，才会考虑成本法。这里介绍收益法评估商铺的过程。

用收益法评估商铺价值的步骤如图 3-1 所示。

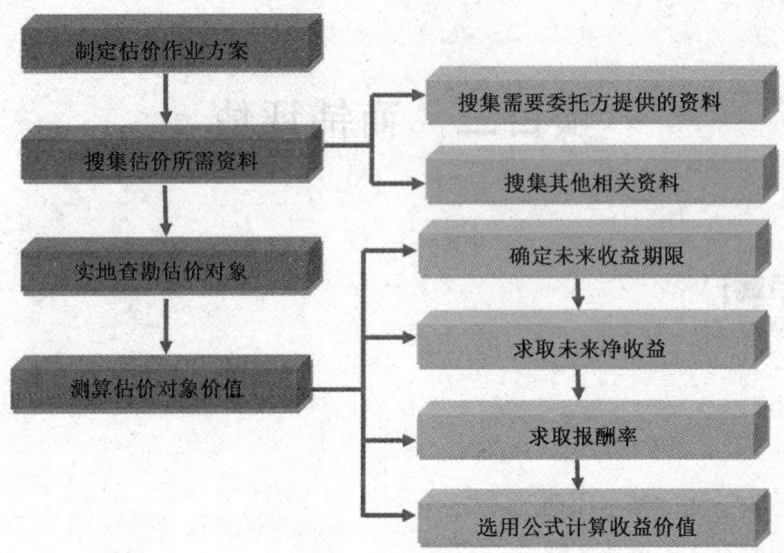

图 3-1 用收益法评估商铺价值的步骤

【知识平台】

一、收益法概述

（一）收益法的含义

收益法是根据估价对象的预期收益来求取估价对象价值的方法。具体地说，收益法是预测估价对象的未来收益，然后利用合适的报酬率或资本化率、收益乘数，将未来收益转换为价值来求取估价对象价值的方法。

将预测的未来收益转换为价值，类似于根据利息倒推出本金，称为资本化。

根据将预测的未来收益转换为价值的方式不同，即资本化方式的不同，收益法分为直接资本化法和报酬资本化法。

直接资本化法是预测估价对象未来某一年的某种收益，然后将其除以适当的资本化率或者乘以适当的收益乘数来求取估价对象价值的方法。

报酬资本化法是一种现金流量折现法，即房地产的价值等于其未来各期净收益的现值之和，具体是预测估价对象未来各期的净收益，然后利用适当的报酬率将其折算到估价时点后相加来求取估价对象价值的方法。

收益法的本质是以房地产的预期未来收益为导向来求取房地产的价值。通常把收益法测算出的价值简称为收益价格。

（二）收益法的理论依据

收益法的理论依据是预期原理。

预期原理揭示，决定房地产当前价值的因素，主要是未来的因素而不是过去的因素。即房地产当前的价值，通常不是基于其过去的价格、开发成本、收益或市场状况，而是基于房地产市场参与者对其未来所能带来的收益或者能够获得的满足、乐趣等的预期。

收益法的基本思想，可以粗略地表述如下：由于房地产的寿命长久，占用收益性房地产不仅现在能够获得收益，而且可以期望在未来持续获得收益。

可以把普遍适用的收益法原理表述如下：将估价时点视为现在，那么在现在购买一宗有一定期限收益的房地产，预示着在其未来的收益期限内可以源源不断地获取净收益，如果现有一笔资金可与这未来一定期限内的净收益的现值之和等值，则这笔资金就是该宗房地产的价格。

收益性房地产的价值就是其未来净收益的现值之和，该价值的高低主要取决于以下三个因素：①未来净收益的大小——未来净收益越大，房地产的价值就越高，反之就越低；②获得净收益期限的长短——获得净收益期限越长，房地产的价值就越高，反之就越低；③获得净收益的可靠性——获得净收益越可靠，房地产的价值就越高，反之就越低。

（三）收益法的适用范围和条件

收益法适用的估价对象是有经济收益或有潜在经济收益的房地产，例如，住宅（特别是公寓）、写字楼、旅馆、商店、餐馆、游乐场、影剧院、停车场、汽车加油站、标准厂房（用于出租的）、仓库（用于出租的）、农地等。它不限于估价对象本身现在是否有收益，只要估价对象所属的这类房地产有获取收益的能力即可。

对于行政办公楼、学校、公园等公用、公益性房地产的估价，收益法一般不适用。

收益法估价需要具备的条件：房地产未来的收益和风险都能够较准确地预测。

（四）收益法的操作步骤

运用报酬资本化法估价一般分为4个步骤：①确定未来收益期限；②求取未来净收益；③求取报酬率；④选用恰当的报酬资本化法公式计算收益价格。

运用直接资本化法估价一般分为以下3个步骤：①求取未来某一年的某种收益；②求取资本化率或收益乘数；③选用恰当的直接资本化法公式计算收益价格。

二、报酬资本化法的公式

（一）房地产估价报酬资本化法最一般的公式

报酬资本化法最一般的公式如下：

$$V=\frac{A_1}{1+Y_1}+\frac{A_2}{(1+Y_1)(1+Y_2)}+\cdots+\frac{A_n}{(1+Y_1)(1+Y_2)\cdots(1+Y_n)}$$

式中，V——房地产在估价时点的收益价格，通常称为现值。

A——房地产的未来净运营收益，通常简称净收益。其中，A_1，A_2，$\cdots$，A_n 分别为相对于估价时点而言的未来第1期，第2期，$\cdots$，第 n 期末的净收益。

Y——房地产的报酬率（折现率）。其中，Y_1，Y_2，$\cdots$，Y_n 分别为相对于估价时点而言的未来第，1期，第2期，$\cdots$，第 n 期的报酬率。

n——房地产的收益期限，是从估价时点开始计算的未来可以获得收益的持续时间，通常为收益年限。

利用现金流量图来直观、形象地表示该公式，如图3-2所示。

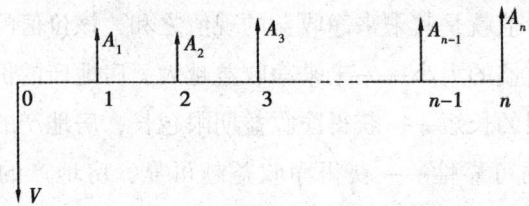

图3-2 用现金流量图表示的报酬资本化法

对上述公式作补充说明如下。

（1）上述公式实际上是收益法基本原理的公式化，是收益法的原理公式，主要用于理论分析。

（2）在实际估价中，一般假设报酬率长期维持不变，即 $Y_1=Y_2=\cdots=Y_n=Y$，则上述公式可简化为

$$V=\frac{A_1}{1+Y}+\frac{A_2}{(1+Y)^2}+\cdots+\frac{A_n}{(1+Y)^n}=\sum_{i=1}^{n}\frac{A_i}{(1+Y)^i}$$

（3）当上述公式中的 A 每期不变或者按照一定规则变动及 n 为有限期或无限期的情况下，可以导出后面的各种公式。因此，后面的各种公式实际上是上述公式的特例。

（4）报酬资本化法的所有公式均是假设各期净收益相对于估价时点发生在各期的期末。

在实际中，如果净收益发生的时间相对于估价时点不是在期末，如在期初或期中，则应对净收益或者对报酬资本化法公式进行相应调整。假设净收益发生在期初为 $A_{初}$，调整为发生在期末 $A_{末}$ 的公式为

$$A_{末}=A_{初}(1+Y)$$

如果对报酬资本化法公式进行相应调整，则调整后的报酬资本化法公式为

$$V=A_1+\frac{A_2}{1+Y}+\cdots+\frac{A_n}{(1+Y)^{n-1}}=\sum_{i=1}^{n}\frac{A_i}{(1+Y)^{i-1}}$$

(5) 公式中 A, Y, n 的时间单位是一致的,通常为年,也可以为月、季、半年等。

(6) 在介绍报酬资本化的各种公式时,是假设净收益、报酬率和收益期限均为已知。

(二) 房地产估价报酬资本化法中净收益每年不变的公式

1. 收益期限为有限年的公式

$$V = \frac{A}{Y}\left[1 - \frac{1}{(1+Y)^n}\right]$$

公式原型为

$$V = \frac{A}{1+Y} + \frac{A}{(1+Y)^2} + \cdots + \frac{A}{(1+Y)^n}$$

此公式的假设前提:①净收益每年不变为 A;②报酬率为 Y,$Y \neq 0$;③收益期限为有限年 n。

2. 收益期限为无限年的公式

$$V = A/Y$$

公式原型为

$$V = \frac{A}{1+Y} + \frac{A}{(1+Y)^2} + \cdots + \frac{A}{(1+Y)^n} + \cdots$$

此公式的假设前提:①净收益每年不变为 A;②报酬率为 Y,$Y>0$;③收益期限 n 为无限年。

3. 净收益每年不变的公式的应用

(1) 直接用于测算价值。

例 3-1 某宗房地产是在政府有偿出让的土地上开发建设的,当时获得的土地使用期限为 50 年,不可续期,至今已使用了 6 年;预计利用该宗房地产正常情况下每年可获得净收益 8 万元;该宗房地产的报酬率为 8.5%。请计算该宗房地产的收益价格。

解:该宗房地产的收益价格计算如下:

$$V = \frac{A}{Y}\left[1 - \frac{1}{(1+Y)^n}\right]$$

$$= \frac{8}{8.5\%}\left[1 - \frac{1}{(1+8.5\%)^{50-6}}\right]$$

$$= 91.52 \text{(万元)}$$

(2) 不同期限房地产价格之间的换算。

用于不同土地使用期限或不同收益期限的房地产(以下简称不同期限房地产)价格之间的换算;

设:

$$K_n = 1 - \frac{1}{(1+Y)^n} = \frac{(1+Y)^n - 1}{(1+Y)^n}$$

因此，K_{70} 表示 n 为 70 年时的 K 值，K_∞ 表示，n 为无限年时的 K 值。另用 V_n 表示收益期限为 n 年的价格，所以 V_{50} 就表示收益期限为 50 年时的价格，V_∞ 就表示收益期限为无限年时的价格。于是，不同期限价格之间的换算方法如下：

若已知 V_∞，则 V_{70}、V_{50} 如下：

$$V_{70} = V_\infty \times K_{70}$$
$$V_{50} = V_\infty \times K_{50}$$

若已知 V_{50}，则 V_∞、V_{70} 如下：

$$V_\infty = V_{50} \times \frac{1}{K_{50}}$$

$$V_{70} = V_{50} \times \frac{K_{70}}{K_{50}}$$

如果将上述公式一般化，则有

$$V_n = V_N \times \frac{K_n}{K_N} = \frac{\dfrac{(1+Y)^n - 1}{(1+Y)^n}}{\dfrac{(1+Y)^N - 1}{(1+Y)^N}}$$

$$= V_N \times \frac{(1+Y)^{N-n}[(1+Y)^n - 1]}{(1+Y)^N - 1}$$

上述不同期限房地产价格之间的换算隐含着下列前提：

①V_n 与 V_N 对应的报酬率相同且不等于零（当 V_n 或 V_N 之一为 V_∞ 时，要求报酬率大于零；当 V_n 或 V_N 都不为 V_∞ 且报酬率等于零时，$V_n = V_N \times \dfrac{n}{N}$）；

②V_n 与 V_N 对应的净收益相同或可转化为相同（如单位面积的净收益相同）；

③如果 V_n 与 V_N 对应的是两宗房地产，则该两宗房地产除收益期限不同外，其他方面均应相同或可调整为相同。

当 V_n 与 V_N 对应的报酬率不同时，假如 V_n 对应的报酬率为 Y_n，V_N 对应的报酬率为 Y_N，其他方面仍符合上述前提，则可通过公式

$$V_n = \frac{A}{Y_n}\left[1 - \frac{1}{(1+Y)^n}\right]$$

与公式

$$V_N = \frac{A}{Y_N}\left[1 - \frac{1}{(1+Y)^N}\right]$$

相除，推导出下列不同期限房地产价格之间的换算公式：

$$V_n = V_N \times \frac{Y_N(1+Y_N)^N[(1+Y_n)^n - 1]}{Y_n(1+Y_n)^n[(1+Y_N)^N - 1]}$$

例 3-2 已知某宗收益性房地产 40 年收益权利的价格为 2500 元/米^2，报酬率为 10%。请计算该宗房地产 30 年收益权利的价格。

解：该房地产 30 年收益权利的价格计算如下：

$$V_n = V_N \times \frac{(1+Y)^{N-n}[(1+Y)^n - 1]}{(1+Y)^N - 1}$$

$$V_{30} = 2500 \times \frac{(1+10\%)^{40-30}[(1+10\%)^{30} - 1]}{(1+10\%)^{40} - 1} \approx 2410(元/米^2)$$

（3）用于比较不同期限房地产价格的高低。

要比较两宗类似房地产价格的高低，如果该两宗房地产的土地使用期限或收益期限不同，直接比较是不妥的。如果要比较，就需要将它们先转换成相同期限下的价格。转换成相同期限下价格的方法，与上述不同期限价格之间的换算方法相同。

例 3-3 有甲、乙两宗房地产，甲房地产的收益期限为 50 年，单价 2000 元/米^2，乙房地产的收益期限为 30 年，单价 1800 元/米^2。假设报酬率均为 6%，请比较该两宗房地产价格的高低。

解：要比较该两宗房地产价格的高低，需要将它们先转换为相同期限下的价格。可以将它们都转换为无限年下的价格：

甲房地产：

$$V_\infty = V_{50} \times \frac{1}{K_{50}}$$

$$= 2000 \div \left[1 - \frac{1}{(1+60\%)^{50}}\right]$$

$$\approx 2115(元/米^2)$$

乙房地产：

$$V_\infty = V_{30} \times \frac{1}{K_{30}}$$

$$= 1800 \div \left[1 - \frac{1}{(1+60\%)^{30}}\right]$$

$$\approx 2197(元/米^2)$$

通过上述处理之后可知，乙房地产的价格名义上低于甲房地产的价格（1800 元/米^2 低于 2000 元/米^2），实际上却高于甲房地产的价格（2197 元/米^2 高于 2115 元/米^2）。

（4）用于市场比较法中因土地使用期限或收益期限不同进行的价格调整。

上述不同期限价格之间的换算方法，对于市场比较法中因可比实例房地产与估价对象房地产的期限不同需要对可比实例价格进行调整是特别有用的。在市场比较法中,可比实例房地产的期限可能与估价对象房地产的期限不同,从而需要对可比实例价格进行调整,使其成为与估价对象相同期限下的价格。

例3-4 5年前通过出让方式取得的50年使用期限的一宗工业用地,所处地段的基准地价目前为1200元/米^2。该基准地价在评估时设定的使用期限为法定最高年限,现行土地报酬率为10%。假设除了使用期限不同之外,该宗工业用地的其他状况与评估基准地价时设定的状况相同,请通过基准地价求取该宗工业用地目前的价格。

解:本题通过基准地价求取该宗工业用地目前的价格,实际上就是将使用期限为法定最高年限(50年)的基准地价转换为45年(原取得的50年使用期限减去已使用5年)的基准地价。具体计算过程如下:

$$V_{45} = V_{50} \times \frac{K_{45}}{K_{50}}$$

$$= 1200 \times \frac{(1+10\%)^{50-45}[(1+10\%)^{45}-1]}{(1+10\%)^{50}-1}$$

$$\approx 1194(元/米^2)$$

净收益每年不变的公式还有一些其他作用,例如,可用来说明在不同报酬率下土地使用期限长到何时,有限期的土地使用权价格接近无限年的土地所有权价格。通过计算可以发现,报酬率越高,接近无限年的价格越快。假设将两者相差万分之一看作接近,当报酬率为2%时,需要520年才能接近无限年的价格,3%时需要350年,4%时需要260年,5%时需要220年,6%时需要180年,7%时需要150年,8%时需要130年,9%时需要120年,14%时需要80年,20%时需要60年。当报酬率为25%时,只要50年就相当于无限年的价格。

(三)净收益按一定数额递增的公式

1. 收益期限为有限年的公式

$$V = \left(\frac{A}{Y} + \frac{b}{Y^2}\right)\left[1 - \frac{1}{(1+Y)^n}\right] - \frac{b}{Y} \times \frac{n}{(1+Y)^n}$$

式中,b——净收益逐年递增的数额。

其中,净收益未来第1年为A,未来第2年为(A+b),未来第3年为(A+2b),依此类推,未来第n年为[A+(n-1)b]。

公式原型为

$$V = \frac{A}{1+Y} + \frac{A+b}{(1+Y)^2} + \frac{A+2b}{(1+Y)^3} + \cdots + \frac{A+(n-1)b}{(1+Y)^n}$$

此公式的假设前提:①净收益未来第1年为A,此后按数额b逐年递增;②报酬率为Y,Y≠0;③收益期限为有限年n。

2. 收益期限为无限年的公式

$$V = \frac{A}{Y} + \frac{b}{Y^2}$$

公式原型为

$$V = \frac{A}{1+Y} + \frac{A+b}{(1+Y)^2} + \frac{A+2b}{(1+Y)^3} \cdots + \frac{A+(n-1)b}{(1+Y)^n} + \cdots$$

此公式的假设前提：①净收益未来第 1 年为 A，此后按数额 b 逐年递增；②报酬率为 Y，且 $Y>0$；③收益期限为无限年。

例 3-5 预计某宗房地产未来第一年的净收益为 16 万元，此后每年的净收益会在上一年的基础上增加 2 万元，收益期限可视为无限年，该类房地产的报酬率为 9%。请计算该宗房地产的收益价格。

解：该宗房地产的收益价格计算如下：

$$V = \frac{A}{Y} + \frac{b}{Y^2}$$

$$= \frac{16}{9\%} + \frac{2}{(9\%)^2}$$

$$= 424.69(万元)$$

（四）净收益按一定数额递减的公式

净收益按一定数额递减的公式只有收益期限为有限年一种，其公式为

$$V = \left(\frac{A}{Y} - \frac{b}{Y^2}\right)\left[1 - \frac{1}{(1+Y)^2}\right] + \frac{b}{Y} \times \frac{n}{(1+Y)^n}$$

式中，b——净收益逐年递减的数额。

其中，净收益未来第 1 年为 A，未来第 2 年为 $(A-b)$，未来第 3 年为 $(A-2b)$，依此类推，未来第 n 年为 $[A-(n-1)b]$。

公式原型为

$$V = \frac{A}{1+Y} + \frac{A-b}{(1+Y)^2} + \frac{A-2b}{(1+Y)^3} + \cdots + \frac{A-(n-1)b}{(1+Y)^n}$$

此公式的假设前提：①净收益未来第 1 年为 A，此后按数额 b 逐年递减；②报酬率为 Y 且 $Y \neq 0$；③收益期限为有限年 n，且 $n \leq \frac{A}{b} + 1$。

$n \leq \frac{A}{b} + 1$ 和不存在收益期限为无限年公式的原因：当 $n > \frac{A}{b} + 1$ 年时，第 n 年的净收益 <0。

例 3-6 预计某宗房地产未来第一年的净收益为 25 万元，此后每年的净收益会在

上一年的基础上减少2万元。请计算该宗房地产的合理经营期限及合理经营期限结束前后整数年份假定经营情况下的净收益；如果报酬率为6%，请计算该宗房地产的收益价格。

解：该宗房地产的合理经营期限 n 计算如下：

令 $A-(n-1)b=0$

有 $25-(n-1)\times 2=0$

$n=25\div 2+1=13.5$（年）

该房地合理经营期限结束前一年（即第13年）的净收益为

$A-(n-1)b=25-(13-1)\times 2=1$（万元）

该房地合理经营期限结束后一年（即第14年）的净收益为

$A-(n-1)b=25-(14-1)\times 2=-1$（万元）

该房地产的收益价值计算如下：

$$V=\left(\frac{A}{Y}-\frac{b}{Y^2}\right)\left[1-\frac{1}{(1+Y)^n}\right]+\frac{b}{Y}\times\frac{n}{(1+Y)^n}$$

$$=\left[\frac{25}{6\%}-\frac{2}{(6\%)^2}\right]\left[1-\frac{1}{(1+6\%)^{13.5}}\right]+\frac{2}{6\%}\times\frac{13.5}{(1+6\%)^{13.5}}=129.28(万元)$$

（五）净收益按一定比率递增的公式

1. 收益期限为有限年的公式

$$V=\frac{A}{Y-g}\left[1-\left(\frac{1+g}{1+Y}\right)^n\right]$$

式中，g——净收益逐年递增的比率

其中，净收益未来第1年为A，未来第2年为$A(1+g)$，未来第3年为$A(1+g)^2$，依此类推，未来第 n 年为 $A(1+g)^{n-1}$。

公式原型为

$$V=\frac{A}{1+Y}+\frac{A(1+g)}{(1+Y)^2}+\frac{A(1+g)^2}{(1+Y)^3}+\cdots+\frac{A(1+g)^{n-1}}{(1+Y)^n}$$

此公式的假设前提：①净收益未来第1年为A，此后按比率g逐年递增；②净收益逐年递增的比率g不等于报酬率Y $\left[当 g=Y 时，V=A\times\frac{n}{1+Y}\right]$；③收益期限为有限年$n$。

2. 收益期限为无限年的公式

$$V=\frac{A}{g}$$

公式原型为

$$V=\frac{A}{1+Y}+\frac{A(1+g)}{(1+Y)^2}+\frac{A(1+g)^2}{(1+Y)^3}+\cdots+\frac{A(1+g)^{n-1}}{(1+Y)^n}+\cdots$$

此公式的假设前提：①净收益未来第 1 年为 A，此后按比率 g 逐年递增；②报酬率 Y 大于净收益逐年递增的比率 g；③收益期限为无限年。

例 3-7 某宗房地产是在政府有偿出让的土地上建造的，土地使用权剩余年限为 48 年；预计该房地产未来第一年的净收益为 16 万元，此后每年的净收益会在上一年的基础上增长 2%；该类房地产的报酬率为 9%。请计算该宗房地产的收益价格。

解：该宗房地产的收益价格计算如下：

$$V = \frac{A}{Y-g}\left[1-\left(\frac{1+g}{1+Y}\right)^n\right]$$

$$= \frac{16}{9\%-2\%}\left[1-\left(\frac{1+2\%}{1+9\%}\right)^{48}\right]$$

$$= 219.12(万元)$$

例 3-8 预计某宗房地产未来第一年的净收益为 16 万元，此后每年的净收益会在上一年的基础上增长 2%，收益期限可视为无限年，该类房地产的报酬率为 9%。请计算该宗房地产的收益价格。

解：该宗房地产的收益价格计算如下：

$$V = \frac{A}{Y-g}$$

$$= \frac{16}{9\%-2\%}$$

$$= 228.57(万元)$$

（六）净收益按一定比率递减

1. 收益期限为有限年的公式

$$V = \frac{A}{Y+g}\left[1-\left(\frac{1-g}{1+Y}\right)^n\right]$$

式中，g——净收益逐年递减的比率。

其中，净收益未来第 1 年为 A，未来第 2 年为 $A(1-g)$，未来第 3 年为 $A(1-g)^2$，依此类推，未来第 n 年为 $A(1-g)^{n-1}$。

公式原型为：

$$V = \frac{A}{1+Y} + \frac{A(1-g)}{(1+Y)^2} + \frac{A(1-g)^2}{(1+Y)^3} + \cdots + \frac{A(1-g)^{n-1}}{(1+Y)^n}$$

此公式的假设前提：①净收益未来第 1 年为 A，此后按比率 g 逐年递减；②报酬率为 Y，$Y \neq 0$；③收益期限为有限年 n。

2. 收益期限为无限年的公式

$$V = \frac{A}{Y+g}$$

公式原型为

$$V = \frac{A}{1+Y} + \frac{A(1-g)}{(1+Y)^2} + \frac{A(1-g)^2}{(1+Y)^3} + \cdots + \frac{A(1-g)^{n-1}}{(1+Y)^n} + \cdots$$

此公式的假设前提：①净收益未来第1年为A，此后按比率g逐年递减；②报酬率为Y，$Y>0$；③收益期限为无限年。

净收益等于有效毛收入减去运营费用。如果有效毛收入与运营费用逐年递增或递减的比率不等，也可以利用净收益按一定比率递增或递减的公式计算估价对象的收益价格。例如，假设有效毛收入逐年递增的比率为g_I，运营费用逐年递增的比率为g_E，收益期限为有限年，则计算公式为：

$$V = \frac{I}{Y-g_I}\left[1-\left(\frac{1+g_I}{1+Y}\right)^n\right] - \frac{E}{Y-g_E}\left[1-\left(\frac{1+g_E}{1+Y}\right)^n\right]$$

式中，I——有效毛收入；

E——运营费用；

g_I——I逐年递增的比率；

g_E——E逐年递增的比率。

公式原型为

$$V = \frac{I-E}{1+Y} + \frac{I(1+g_I)-E(1+g_E)}{(1+Y)^2} + \frac{I(1+g_I)^2-E(1+g_E)^2}{(1+Y)^3} + \cdots +$$

$$\frac{I(1+g_I)^{n-1}-E(1+g_E)^{n-1}}{(1+Y)^n}$$

$$= \left[\frac{I}{1+Y} + \frac{I(1+g_I)}{(1+Y)^2} + \frac{I(1+g_I)^2}{(1+Y)^3} + \cdots + \frac{I(1+g_I)^{n-1}}{(1+Y)^n}\right] -$$

$$\left[\frac{E}{1+Y} + \frac{E(1+g_E)}{(1+Y)^2} + \frac{E(1+g_E)^2}{(1+Y)^3} + \cdots + \frac{E(1+g_E)^{n-1}}{(1+Y)^n}\right]$$

此公式的假设前提是：①有效毛收入I按比率g_I逐年递增，运营费用正按比率g_E逐年递增；②g_I或g_E不等于报酬率Y；③收益期限为有限年n，并且满足$I(1+g_I)^{n-1}-E(1+g_E)^{n-1} \geq 0$。

同理，如果有效毛收入与运营费用逐年递减的比率不等，或者一个逐年递增另一个逐年递减，其计算公式都能较容易地推导出。其中，在有效毛收入始终大于运营费用的前提下，收益期限为无限年的计算公式为

$$V = \frac{I}{Y \pm g_I} - \frac{E}{Y \pm g_E}$$

在上述公式中，有效毛收入逐年递增时，g_I前取"-"，逐年递减时，g_I前取"+"；运营费用逐年递增时，g_E前取"-"，逐年递减时，g_E前取"+"。

例 3-9 预计某宗房地产未来第一年的有效毛收入为 20 万元,运营费用为 12 万元,此后每年的有效毛收入会在上一年的基础上增长 5%,运营费用增长 3%,收益期限可视为无限年,该类房地产的报酬率为 8%。请计算该宗房地产的收益价格。

解:该宗房地产的收益价格计算如下:

$$V = \frac{I}{Y \pm g_I} - \frac{E}{Y \pm g_E}$$

$$= \frac{20}{8\% - 5\%} - \frac{12}{8\% - 3\%}$$

$$= 426.67(万元)$$

(七)净收益在前若干年有变化的公式

1. 收益为有限年的公式

$$V = \sum_{i=1}^{t} \frac{A_i}{(1+Y)^i} + \frac{A}{Y(1+Y)^t}\left[1 - \frac{1}{(1+Y)^{n-t}}\right]$$

式中,t——净收益有变化的期限。

公式原型为

$$V = \frac{A_1}{1+Y} + \frac{A_2}{(1+Y)^2} + \cdots + \frac{A_t}{(1+Y)^t} + \frac{A}{(1+Y)^{t+1}} + \frac{A}{(1+Y)^{t+2}} + \cdots + \frac{A}{(1+Y)^n}$$

此公式的假设前提:①净收益在未来 t 年(含第 t 年)有变化,分别为 A_1,A_2,…,A_t,在第 t 年以后无变化为 A;②报酬率为 Y,$Y \neq 0$;③收益期限为有限年 n。

例 3-10 某宗房地产的收益期限为 38 年,通过预测得到其未来 5 年的净收益分别为 20 万元、22 万元、25 万元、28 万元、30 万元,从未来第 6 年到第 38 年每年的净收益将稳定在 35 万元左右,该类房地产的报酬率为 10%。请计算该宗房地产的收益价格。

解:该宗房地产的收益价格计算如下:

$$V = \sum_{i=1}^{t} \frac{A_i}{(1+Y)^i} + \frac{A}{Y(1+Y)^t}\left[1 - \frac{1}{(1+Y)^{n-t}}\right]$$

$$= \frac{20}{1+10\%} + \frac{22}{(1+10\%)^2} + \frac{25}{(1+10\%)^3} + \frac{28}{(1+10\%)^4} +$$

$$\frac{30}{(1+10\%)^5} + \frac{35}{10\%(1+10\%)^5}\left[1 - \frac{1}{(1+10\%)^{38-5}}\right]$$

$$= 300.86(万元)$$

2. 收益为无限年的公式

$$V = \sum_{i=1}^{t} \frac{A_i}{(1+Y)^i} + \frac{A}{Y(1+Y)^t}$$

公式原型为

$$V = \frac{A_1}{1+Y} + \frac{A_2}{(1+Y)^2} + \cdots + \frac{A_t}{(1+Y)^t} + \frac{A}{(1+Y)^{t+1}} + \frac{A}{(1+Y)^{t+2}} + \cdots + \frac{A}{(1+Y)^n} \cdots$$

此公式的假设前提：①净收益在未来 t 年（含第 t 年）有变化，分别为 A_1，A_2，$\cdots$，A_t，在第 t 年以后无变化为 A；②报酬率为 Y，$Y>0$；③收益期限为无限年。

净收益在前若干年有变化的公式有重要的实用价值。因为在现实中每年的净收益往往不同，如果采用公式

$$V = \frac{A}{Y}\left[1 - \frac{1}{(1+Y)^n}\right]$$

或者

$$V = \frac{A}{Y}$$

来估价，有时未免太片面；而如果根据净收益每年都有变化的实际情况来估价，又不大可能（除非收益期限较短）。为了解决这个矛盾，一般是根据估价对象的经营状况和市场环境，对其在未来 3~5 年或可以预测的更长时期的净收益作出估计，并且假设从此以后的净收益将不变，然后对这两部分净收益进行折现处理，计算出房地产的价格。特别是像商店、旅馆、餐饮、娱乐之类的房地产，在建成后的前几年由于试营业等原因，收益可能不稳定，更适宜采用这种公式来估价。

例 3-11 通过预测得到某宗房地产未来 5 年的净收益分别为 20 万元、22 万元、25 万元、28 万元、30 万元，从未来第 6 年到无穷远每年的净收益将稳定在 35 万元左右，该类房地产的报酬率为 10%。请计算该宗房地产的收益价格。

解：该宗房地户的收益价格计算如下：

$$V = \sum_{i=1}^{t} \frac{A_i}{(1+Y)^i} + \frac{A}{Y(1+Y)^t}$$

$$= \frac{20}{1+10\%} + \frac{22}{(1+10\%)^2} + \frac{25}{(1+10\%)^3} + \frac{28}{(1+10\%)^4} +$$

$$\frac{30}{(1+10\%)^5} + \frac{35}{10\%(1+10\%)^5}$$

$$= 310.20 \text{（万元）}$$

（八）预知未来若干年后的价格的公式

预测房地产未来 t 年期间的净收益分别为 A_1，A_2，$\cdots$，A_t，第 t 年末的价格为 V_t，则其现在的价格为

$$V = \sum_{i=1}^{t} \frac{A_i}{(1+Y)^i} + \frac{V_t}{(1+Y)^t}$$

式中，V——房地产现在的价格。

A——房地产未来 t 年期间的净收益,简称期间收益。

V_t——房地产在未来第 t 年末的价格(或第 t 年末的市场价值,或第 t 年末的残值;如果购买房地产的目的是为了持有一段时间后转售,则为预测的第 t 年末转售时的价格减去销售税费后的净值,简称期末转售收益。期末转售收益是在持有期末转售房地产时可以获得的净收益)。

t——持有房地产的期限,简称持有期。

公式原型为

$$V = \frac{A_1}{1+Y} + \frac{A_2}{(1+Y)^2} + \cdots + \frac{A_t}{(1+Y)^t} + \frac{V_t}{(1+Y)^t}$$

此公式的假设前提:①已知房地产未来 t 年期间的净收益为 A_1,A_2,$\cdots A_t$;②已知房地产在未来第 t 年末的价格为 V_t;③期间收益和期末转售收益具有相同的报酬率 Y。

例 3-12 预测某宗房地产未来两年的净收益分别为 55 万元和 60 万元,两年后的价格比现在的价格上涨 5%。该类房地产的报酬率为 10%。请计算该宗房地产现在的价格。

解:该宗房地产现在的价格求取如下:

$$V = \sum_{i=1}^{t} \frac{A_i}{(1+Y)^i} + \frac{V_t}{(1+Y)^t}$$

$$= \frac{55}{1+10\%} + \frac{60}{(1+10\%)^2} + \frac{V(1+5\%)}{(1+10\%)^2}$$

$$= 753.30(万元)$$

上述公式根据期间收益的变化,可具体化为下列公式:

(1)期间收益每年不变预知未来若干年后的公式:

$$V = \frac{A}{Y}\left[1 - \frac{1}{(1+Y)^t}\right] + \frac{V_t}{(1+Y)^t}$$

例 3-13 某宗房地产现行的价格为 2000 元/米^2,年净收益为 200 元/米^2,报酬率为 10%。现获知该地区将兴建一座大型的现代化火车站,该火车站将在 6 年后建成投入使用,到那时该地区将达到该城市现有火车站地区的繁华程度。在该城市现有火车站地区,同类房地产的价格为 5000 元/米^2。据此预计新火车站建成投入使用后,新火车站地区该类房地产的价格将达到 5000 元/米^2。请计算获知兴建火车站后该宗房地产的价格。

解:获知兴建火车站后该宗房地产的价格计算如下:

$$V = \frac{A}{Y}\left[1 - \frac{1}{(1+Y)^t}\right] + \frac{V_t}{(1+Y)^t}$$

$$= \frac{200}{10\%}\left[1 - \frac{1}{(1+10\%)^6}\right] + \frac{5000}{(1+10\%)^6}$$

$$= 3693(元/米^2)$$

(2) 期间收益按一定数额 b 递增预知未来若干年后的公式：

$$V = \left(\frac{A}{Y} + \frac{b}{Y^2}\right)\left[1 - \frac{1}{(1+Y)^t}\right] - \frac{b}{Y} \times \frac{t}{(1+Y)^t} + \frac{V_t}{(1+Y)^t}$$

例 3-14 某宗收益性房地产，预测其未来第一年的净收益为 24000 元，未来 5 年的净收益每年增加 1000 元，价格每年上涨 3%，报酬率为 9.5%。请求取该宗房地产当前的价格。

解：选用下列公式求取该宗房地产当前的价格：

$$V = \left(\frac{A}{Y} + \frac{b}{Y^2}\right)\left[1 - \frac{1}{(1+Y)^t}\right] - \frac{b}{Y} \times \frac{t}{(1+Y)^t} + \frac{V_t}{(1+Y)^t}$$

根据题意已知：

$A = 24000(元)$

$b = 1000(元)$

$t = 5(年)$

$V_t = V(1+13\%)^5(元)$

$Y = 9.5\%$

将上述数据代入公式后计算如下：

$$V = \left(\frac{24000}{9.5\%} + \frac{1000}{9.5\%^2}\right)\left[1 - \frac{1}{(1+9.5\%)^5}\right] - \frac{1000}{9.5\%} \times \frac{5}{(1+9.5\%)^5} + \frac{V(1+3\%)^5}{(1+9.5\%)^5}$$

对上述等式进行合并同类项并计算后得到：$V = 37.61$（万元）

(3) 期间收益按一定数额 b 递减预知未来若干年后的公式：

$$V = \left(\frac{A}{Y} - \frac{b}{Y^2}\right)\left[1 - \frac{1}{(1+Y)^t}\right] + \frac{b}{Y} \times \frac{t}{(1+Y)^t} + \frac{V_t}{(1+Y)^t}$$

(4) 期间收益按一定比率 g 递增预知未来若干年后的公式：

$$V = \frac{A}{Y-g}\left[1 - \left(\frac{1+g}{1+Y}\right)^t\right] + \frac{V_t}{(1+Y)^t}$$

(5) 期间收益按一定比率 g 递减预知未来若干年后的公式：

$$V = \frac{A}{Y+g}\left[1 - \left(\frac{1-g}{1+Y}\right)^t\right] + \frac{V_t}{(1+Y)^t}$$

上述公式中如果难以预测未来的价格，而能预测未来价格相对于当前价格的变化率（即相对价值变动），如增值率为 Δ，即 $V_t = V(1+\Delta)$，则公式变为

$$V = \frac{A}{Y}\left[1 - \frac{1}{(1+Y)^t}\right] + \frac{V(1+\Delta)}{(1+Y)^t}$$

对此公式进行整理，可得到下列公式：

$$V = \frac{A[(1+Y)^t - 1]}{Y[(1+Y)^t - (1+\Delta)]}$$

$$= \frac{A}{Y - \Delta \dfrac{Y}{(1+Y)^t - 1}}$$

$$= \frac{A}{Y - \Delta a}$$

式中，a——偿债基金系数，$a = \dfrac{Y}{(1+Y)^t - 1}$。

如果预测的是未来价格每年的上涨率为 g，则 $V_t = V(1+g)^t$，则公式变为

$$V = \frac{A}{Y}\left[1 - \frac{1}{(1+Y)^t}\right] + \frac{V(1+g)^t}{(1+Y)^t}$$

对此公式进行整理，可得到下列公式：

$$V = \frac{A[(1+Y)^t - 1]}{Y[(1+Y)^t - (1+g)^t]}$$

$$= \frac{A}{Y\left[1 - \dfrac{(1+g)^t - 1}{(1+Y)^t - 1}\right]}$$

预知未来若干年后的价格的公式，适用范围：①房地产目前的价格难以知道，但根据发展前景比较容易预测其未来的价格或未来价格相对于当前价格的变化率时，特别是在某地区将会出现较大改观或者房地产市场行情预期有较大变化的情况下；②对于收益期限较长的房地产，有时不是按照其收益期限来估价，而是先确定一个合理的持有期，然后预测持有期间的净收益和持有期末的价值，再将它们折算为现值。

实际上，收益性房地产是一种投资品，作为投资品的典型收益包括两部分：一是在持有房地产期间每单位时间（如每月、每年）所获得的租赁收益或经营收益；二是在持有期末转售房地产时所获得的增值收益。因此，预知未来若干年后的价格的公式成了评估收益性房地产价值的最常用公式。

三、收益期限的确定

收益期限应根据建筑物剩余经济寿命、建设用地使用权剩余期限等来确定。

建筑物剩余经济寿命是自估价时点起至建筑物经济寿命结束的时间。建设用地使用权剩余期限是自估价时点起至土地使用期限结束的时间。

建筑物剩余经济寿命与建设用地使用权剩余期限可能同时结束，也可能不是同时结

束,归纳起来有以下三种情况:

(1) 两者同时结束。收益期限为建筑物剩余经济寿命或者建设用地使用权剩余期限。

(2) 建筑物剩余经济寿命早于建设用地使用权剩余期限结束。房地产的价值等于以建筑物剩余经济寿命为收益期限计算的房地产价值,加上建筑物剩余经济寿命结束后的剩余期限建设用地使用权在估价时点的价值。

建筑物剩余经济寿命结束后的剩余期限建设用地使用权在估价时点的价值,等于整个剩余期限的建设用地使用权在估价时点的价值,减去以建筑物剩余经济寿命为使用期限的建设用地使用权在估价时点的价值。

(3) 建筑物剩余经济寿命晚于建设用地使用权剩余期限结束。在建筑物剩余经济寿命晚于建设用地使用权剩余期限结束的情况下,分为出让合同约定土地出让期限届满需要无偿收回国有建设用地使用权时,对收回的建筑物予以补偿和不予补偿两种情况。

对于出让合同约定土地出让期限届满需要无偿收回国有建设用地使用权时,对收回的建筑物予以补偿的,房地产的价值等于以建设用地使用权剩余期限为收益期限计算的房地产价值,加上建设用地使用权剩余期限结束时建筑物的残余价值折算到估价时点时的价值。

对于出让合同约定土地出让期限届满需要无偿收回国有建设用地使用权时,对收回的建筑物不予补偿的,以建设用地使用权剩余期限为收益期限,选用相应的收益期限为有限年的公式计算房地产的价值。

上述收益期限的确定是针对求取建筑物所有权和土地使用权的价值而言的,如果是求取承租人权益的价值,则收益期限为剩余租赁期限。

四、净收益的测算

(一) 净收益测算的基本原理

收益性房地产获取收益的方式,可分为出租和营业两大类。据此,净收益的测算途径可分为两种:一是基于租赁收入测算净收益,如存在大量租赁实例的普通住宅、高档公寓、写字楼、商铺、停车场、标准厂房、仓库等类房地产;二是基于营业收入测算净收益,如旅馆、影剧院、娱乐中心、汽车加油站等类房地产。

1. 基于租赁收入测算净收益的基本原理

基于租赁收入测算净收益的基本公式为

净收益=潜在毛租金收入−空置和收租损失+其他收入−运营费用
　　　=有效毛收入−运营费用

净收益是净运营收益的简称，是从有效毛收入中扣除运营费用以后得到的归因于房地产的收入。

潜在毛收入，是房地产在充分利用、没有空置下所能获得的归因于房地产的总收入。写字楼等出租型房地产的潜在毛收入，一般是潜在毛租金收入加上其他收入。潜在毛租金收入等于全部可出租面积与最可能的租金水平的乘积。

其他收入是租赁保证金或押金的利息收入，以及如写字楼中设置的自动售货机、投币电话等获得的收入。

空置的面积没有收入。收租损失是指租出的面积因拖欠租金，包括延迟支付租金、少付租金或者不付租金所造成的收入损失。空置和收租损失通常是按照潜在毛收入的一定比例来估算。

有效毛收入（effective gross income，EGI），是从潜在毛收入中扣除空置和收租损失以后得到的归因于房地产的收入。

运营费用（operating expense），是维持房地产正常使用或营业的必要费用，包括房地产税、保险费、人员工资及办公费用、保持房地产正常运转的成本（建筑物及相关场地的维护、维修费）、为承租人提供服务的费用（如清洁、保安）等。对此进一步说明如下。

（1）对于有抵押贷款负担的房地产，运营费用不包含抵押贷款还本付息额是以测算包含自有资金和抵押贷款价值在内的整体房地产价值为前提的。

（2）这里所讲的房地产折旧额，是指会计上的建筑物折旧费、土地取得费用的摊销，而不包含寿命比整体建筑物经济寿命短的构件、设备、装饰装修等的折旧费。

（3）房地产改扩建能通过增加房地产每年的收入而提高房地产的价值。

（4）运营费用中之所以不包含所得税，是因为所得税与特定业主的经营状况直接相关。

运营费用率（OER）是运营费用与有效毛收入之比。净收益率（NIR）是净收益占有效毛收入的比率。

因为净收益等于有效毛收入减去运营费用，所以净收益率是运营费用率的补集，即

$$NIR = 1 - OER$$

潜在毛收入、有效毛收入、运营费用、净收益等，通常以年度计，并假设在年末发生。

2. 基于营业收入测算净收益的基本原理

有些收益性房地产，通常不是以租赁方式而是以营业方式获取收益，其业主与经营者是合二为一的，如旅馆、娱乐中心、汽车加油站等。

这些收益性房地产的净收益测算与基于租赁收入的净收益测算，主要有以下两个方面的不同：一是潜在毛收入或有效毛收入变成了经营收入，二是要扣除归属于其他资本

或经营的收益。

（二）不同收益类型房地产净收益的测算

净收益的具体求取因估价对象的收益类型不同而有所不同，可归纳为下列四种情况：①出租的房地产；②营业的房地产；③自用或尚未使用的房地产；④混合收益的房地产。

1. 出租的房地产净收益的测算

出租的房地产是收益法估价的典型对象，其净收益通常为租赁收入扣除由出租人负担的费用后的余额。

租赁收入包括租金收入和租赁保证金或押金的利息收入等其他收入。

出租人负担的费用，根据真正的房租构成因素（地租、房屋折旧费、维修费、管理费、投资利息、保险费、房地产税、租赁费用、租赁税费和利润），一般为其中的维修费、管理费、保险费、房地产税、租赁费用、租赁税费。

2. 自营的房地产净收益测算

自营的房地产的最大特点是，房地产所有者同时也是经营者，房地产租金与经营者利润没有分开。

（1）商业经营的房地产，应根据经营资料测算净收益，净收益为商品销售收入扣除商品销售成本、经营费用、商品销售税金及附加、管理费用、财务费用和商业利润。

（2）工业生产的房地产，应根据产品市场价格以及原材料、人工费用等资料测算净收益，净收益为产品销售收入扣除生产成本、产品销售费用、产品销售税金及附加、管理费用、财务费用和厂商利润。

（3）农地净收益的测算，是由农地年产值（全年农产品的产量乘以单价）扣除种苗费、肥料费、水利费、农药费、农具费、人工费、畜工费、机工费、农舍费、投资利息、农业税、农业利润等。

3. 自用或空置的房地产净收益的测算

自用或空置的房地产是指住宅、写字楼等目前为业主自用或暂时空置的房地产，而不是指写字楼、宾馆的大堂、管理用房等所必要的"空置"或自用部分。

写字楼、宾馆的大堂、管理用房等的价值是通过其他用房的收益体现出来的，因此，其净收益不用单独计算，否则就重复了。自用或尚未使用的房地产的净收益，可以根据同一市场上有收益的类似房地产的有关资料按照上述相应的方式来测算，或者通过类似房地产的净收益直接比较得出。

4. 混合收益的房地产净收益的测算

混合收益的房地产净收益视具体情况采用下列三种方式之一求取。

（1）把费用分为变动费用和固定费用，将测算出的各种类型的收入分别减去相应的变动费用，予以加总后再减去总的固定费用。变动费用是指其总额随着业务量的变动而变动的费用。固定费用是指其总额不随业务量的变动而变动的费用，即不论业务量发生什么变化，都固定不变的费用。

（2）首先测算各种类型的收入，然后测算各种类型的费用，再将总收入减去总费用。

（3）把混合收益的房地产看成是各种单一收益类型房地产的简单组合，先分别根据各自的收入和费用求出各自的净收益，然后将所有的净收益相加。

（三）求取净收益应注意的问题

1. 有形收益和无形收益

房地产收益可分为有形收益和无形收益。有形收益是由房地产带来的直接货币收益。无形收益是指房地产带来的间接利益，如安全感、自豪感、提高声誉和信用、增强融资能力等。在求取净收益时不仅要包括有形收益，还要考虑各种无形收益。无形收益通常难以货币化，难以在计算净收益时予以考虑，但可通过选取较低的报酬率或资本化率予以考虑。同时值得注意的是，如果无形收益已通过有形收益得到体现，则不应再单独考虑，以免重复计算。例如，在当地能显示承租人形象、地位的写字楼，即承租人租用该写字楼办公可显示其实力，该因素往往已包含在该写字楼的较高租金中。

2. 实际收益和客观收益

房地产收益可分为实际收益和客观收益。实际收益是在当前经营管理状况下实际取得的收益，它一般不能直接用于估价。因为具体经营管理者的能力等对实际收益影响很大，如果将实际收益进行资本化，就会得到不切实际的结果。客观收益是排除了实际收益中属于特殊的、偶然的因素后能够获得的一般正常收益，通常只有这种收益才可以作为估价的依据。因此，估价中采用的潜在毛收入、有效毛收入、运营费用或者净收益，除了有租约限制的以外，一般应采用正常客观的数据。为此，除了有租约限制的以外，利用估价对象本身的资料直接测算出了潜在毛收入、有效毛收入、运营费用或者净收益后，还应将它它们与类似房地产在正常情况下的潜在毛收入、有效毛收入、运营费用或者净收益进行比较。如果与正常客观的情况不符，应对它们进行适当的修正，使其成为正常客观的。

有租约限制的、租赁期限内的租金应采用租赁合同中约定的租金，即实际租金；租赁期限外的租金应采用正常客观的市场租金。

3. 乐观估计、保守估计和最可能估计

求取净收益要求估价师同时给出净收益的三种估计值，一是较乐观的估计值，二是较保守的估计值，三是最可能的估计值。除了评估房地产抵押价值应遵守谨慎原则而应选用较保守的估计值外，其他目的的估价都应选用最可能的估计值。

（四）净收益流模式的确定

运用报酬资本化法估价，在求取估价对象的净收益时，应根据估价对象的净收益在过去和现在的变动情况及预期的收益期限，预测估价对象未来各期的净收益，并判断未来净收益流属于下列哪种类型，以便于选用相应的报酬资本化法公式进行计算：①净收益每年基本上固定不变；②净收益每年基本上按照某个固定的数额递增或递减；③净收益每年基本上按照某个固定的比率递增或递减；④其他有规则变动的情况。

在实际估价中使用最多的是净收益每年不变的公式，其净收益 A 的求取方法有下列三种。

(1) 过去数据简单算术平均法。这是通过调查，求取估价对象过去若干年的净收益，如过去 3 年或 5 年的净收益，然后将其简单算术平均数作为 A。

(2) 未来数据简单算术平均法。这是通过调查，预测估价对象未来若干年的净收益，如未来 3 年或 5 年的净收益，然后将其简单算术平均数作为 A。

(3) 未来数据资本化公式法。这是通过调查，预测估价对象未来若干年的净收益，如未来 3 年或 5 年的净收益，然后利用报酬资本化法公式演变出的下列等式来求取 A（可视为一种加权算术平均数）：

$$\frac{A}{Y}\left[1-\frac{1}{(1+Y)^t}\right]=\sum_{i=1}^{t}\frac{A_i}{(1+Y)^i}$$

或者

$$A=\frac{Y(1+Y)^t}{(1+Y)^t-1}\sum_{i=1}^{t}\frac{A_i}{(1+Y)^i}$$

五、报酬率的求取

(一) 报酬率的实质

报酬率也称回报率、收益率，是一种折现率，是与利率、内部收益率（也称内部报酬率）同性质的比率。

投资回收是指所投入资本的回收，即保本；投资回报是指所投入资本全部回收以后所获得的额外资金，即报酬。

投资回报不包含投资回收，报酬率为投资回报与所投入资本的比率，即

报酬率＝投资回报／所投入的资本

可以将购买收益性房地产视为一种投资行为：这种投资所需要投入的资本是房地产价格，试图获取的收益是房地产预期会产生的净收益。投资既要获取收益，又要承担风险。

从全社会来看，投资遵循收益与风险相匹配原则，报酬率与投资风险正相关，风险大的投资，其报酬率也高，反之则低。报酬率应等同于与获取估价对象产生的净收益具有同等风险的投资的报酬率。

由于房地产价值与报酬率负相关,在收益能力相同的条件下,风险大的房地产的价值低,风险小的房地产的价值高。

不同地区、不同时期、不同用途或不同类型的房地产,同一类型房地产的不同权益、不同收益类型,例如,期间收益和期末转售收益、基于合同租金的收益和基于市场租金的收益、土地收益和建筑物收益、抵押贷款收益和自有租金收益,由于风险不同,报酬率是不尽相同的。

在估价中并不存在一个统一不变的报酬率数值。但这又不意味着估价师可以随意选取报酬率。选取的报酬率必须有市场依据,并经得起理论推敲和进行横向(不同房地产之间)、纵向(前后不同时间之间)比较。

(二)求取报酬率的累加法

求取报酬率累加法是将报酬率视为包含无风险报酬率和风险报酬率两大部分,然后分别求出每一部分,再将它们相加得到报酬率的方法。

无风险报酬率也称安全利率,是无风险投资的报酬率,是资金的机会成本。

风险报酬率是指承担额外的风险所要求的补偿,即超过无风险报酬率以上部分的报酬率,具体是对估价对象房地产自身及其所在的区域、行业、市场等所存在的风险的补偿。

累加法的一个细化公式为

$$报酬率 = 无风险报酬率 + 投资风险补偿率 + 管理负担补偿率 +$$
$$缺乏流动性补偿率 - 投资带来的优惠率$$

其中:①投资风险补偿率,是指当投资者投资于收益不确定、具有一定风险性的房地产时,他必然会要求对所承担的额外风险有所补偿,否则就不会投资;②管理负担补偿率,是指一项投资所要求的操劳越多,其吸引力就会越小,从而投资者必然会要求对所承担的额外管理有所补偿。房地产要求的管理工作一般超过存款、证券;③缺乏流动性补偿率,是指投资者对所投入的资金由于缺乏流动性所要求的补偿,房地产与存款、股票、债券、黄金相比,买卖要困难,变现能力弱;④投资带来的优惠率,是指由于投资房地产可能获得某些额外的好处,如易于获得融资(如可以抵押贷款),从而投资者会降低所要求的报酬率。

上述无风险报酬率和具有风险性房地产的报酬率,一般是指名义报酬率,即已经包含了通货膨胀的影响。

(三)求取报酬率的市场提取法

市场提取法是利用与估价对象房地产具有类似收益特征的可比实例房地产的价格、净收益等资料,选用相应的报酬资本化法公式,反求出报酬率的方法。例如下面三种情况。

(1)在 $V = A/Y$ 的情况下,是通过 $V = A/Y$ 来求取 Y,即可以将市场上类似房地产上的净收益与其价格的比率作为报酬率。通常为避免偶然性,应尽量搜集较多的可比实例，求其净收益与价格之比的平均数。

(2) 在 $V = \dfrac{A}{Y}\left[1 - \dfrac{1}{(1+Y)^n}\right]$ 的情况下，是通过

$$\dfrac{A}{Y}\left[1 - \dfrac{1}{(1+Y)^n}\right] - V = 0$$

来求取 Y。在手工计算的情况下，是先采用试错法试算，计算到一定精度后再采用线性内插法求取，即 Y 是通过试错法与线性内插法相结合的方法来求取的。

(3) 在 $V = \dfrac{A}{Y-g}$ 的情况下，是通过 $Y = \dfrac{A}{V} + g$ 来求取 Y。

市场提取法求出的报酬率反映的是人们头脑中过去而非未来的风险判断，它可能不是估价对象未来各期收益风险的可靠指针。

对估价对象报酬率的判断，还应着眼于可比实例的典型买者和典型卖者对该类房地产的预期或期望报酬率，对用市场提取法求出的报酬率进行适当的调整。

(四) 求取报酬率的投资报酬率排序插入法

收益法估价采用的报酬率是典型投资者在房地产投资中所要求的报酬率。

由于具有同等风险的任何投资的报酬率应该是相近的，所以，可以通过与估价对象同等风险的投资报酬率来求取估价对象的报酬率。

报酬率排序插入法的操作步骤和主要内容如下。

(1) 调查、搜集估价对象所在地区的房地产投资、相关投资及其报酬率和风险程度的资料，如各种类型的银行存款利率、政府债券利率、公司债券利率、股票报酬率及其他投资的报酬率等。

(2) 将所搜集的不同类型投资的报酬率按从低到高的顺序排列，制成图表（如图3-3）。

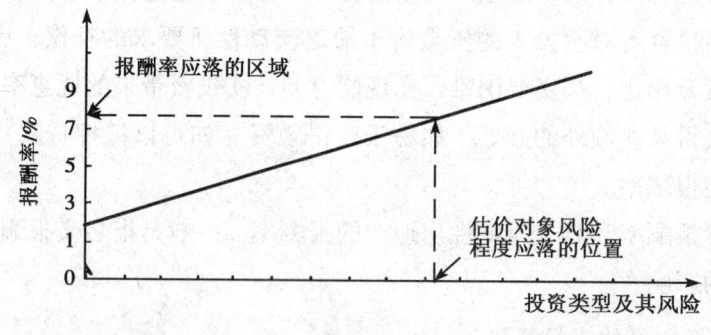

图3-3 投资报酬率排序插入法示意图

(3) 将估价对象与这些类型投资的风险程度进行分析比较，考虑管理的难易、投资的流动性以及作为资产的安全性等，判断出同等风险的投资，确定估价对象风险程度应落的位置。

(4) 根据估价对象风险程度所落的位置，在图表上找出对应的报酬率，从而求出

估价对象的报酬率。

【任务实施】

一、制定估价作业方案

（一）拟采用的估价技术路线和估价方法

房地产估价技术路线就是估价人员模拟房地产价格形成过程、揭示房地产价格内涵时的思路。而房地产估价方法本身也反映了人们对房地产价格形成过程的认识，可以说，每种房地产估价方法都体现了一种技术路线。

商业房地产评估可以采用市场比较法、收益法、成本法等。由于估价对象所在区域为商业繁华区，商铺交易活跃。容易收集可比实例信息，且估价对象正在经营并且有收益，因此采用收益法评估该商铺的抵押价值。

收益法是预测估价对象未来正常的收益，选择适当的报酬率或资本化率，将其折现到估价时点后累加，以此测算估价对象的客观合理价值的方法。

采用收益法，根据租赁期内外租金标准，分别计算评估估价对象价值；通过市场提取法确定客观租金水平及租金增长率；通过投资报酬率排序插入法确定报酬率。

（二）估价作业步骤和时间、人员、经费安排

表 3-1　　　　　　　　估价作业步骤和时间、人员、经费安排

序号	作业步骤	完成时间	责任人	经费预算/元
1	现场查勘	4月1日	估价师××助理××	略
2	市场调查	4月1日	助理××	略
3	内业整理	4月2日	助理××	略
4	完成初评报告和初审	4月2日	助理××	略
5	二审	4月3日	估价师××	略
6	三审	4月3日	技术总监××	略
7	打印报告并送件	4月4日	文员××	略
8	存档	4月5日	文员××	略
9	收费	4月6日	业务员××	略

二、搜集估价所需资料

（一）搜集相关法律法规政策信息及技术依据资料

(1)《中华人民共和国城市房地产管理法》；

(2)《中华人民共和国土地管理法》;
(3)《房地产估价规范》(中华人民共和国国家标准 GB/T 50291—2015);
(4)《城市房地产市场估价管理暂行办法》;
(5)《重庆市房地产交易管理办法》;
(6)《房地产估价报告评审标准》。

(二)搜集委托方提供的资料

委托方提供的资料通常是房产证原件和复印件。核对原件的目的是为了保证估价对象基本信息的真实性和准确性,防止客户在复印件中伪造、篡改房产证上的资料,合理规避风险。

(三)搜集市场信息

商业房地产市场租赁活跃,适合用收益法来评估。选用收益法时有两个关键因素需要确定,一是月租金,二是报酬率。月租金需要通过搜集类似商铺的市场租赁案例,用市场比较法求出估价对象客观月租金,搜集渠道与二手住宅类似。报酬率的选取涉及搜集一年期贷款利率、投资风险等。在当前的实际评估工作中,报酬率一般为 6%~10%。风险越大,报酬率取值越高。

三、实地查勘估价对象

(一)准备工作

实地查勘前的准备工作与住宅类似,不再赘述。

(二)填写查勘表

表 3-2　　　　　　　　　　商铺评估现场查勘表

房地产基本情况						
房地产名称				权证编号		
房地产位置				目前使用状况	自用　出租　空置	
现状用途		评估楼层		层高　米(有、无)阁楼,第　层,共　层		
商铺面积	_____米^2	临街宽度	_____米	临街深度	_____米	

续表 3-2

现状经营			空置率			临街状况	面临街 不临街
目前有无租约	有　无						
目前有租约	租约到期时间：				租约期内租金：		元/(米²·月)
目前无租约	租金：　　元/(米²·月)，每年上涨　　　。商铺已空置时间　　　天						

房地产外部环境						
商业繁华度	距商业中心	中心内、较近、一般、较远、远	办公集聚度	距商务区距离	近、较近、一般、较远、远
	规模	大、较大、一般、较小、小		距政府部门	近、较近、一般、较远、远
	客流量	大、较大、一般、较小、小		规模	大、较大、一般、较小、小
交通便捷度	公交线路	车站：	车号：	公共设施	
	火车站	名称：	距离：		
	飞机场	名称：	距离：		
	主要交通干线	名称：	距离：		

房地产内部情况

	项目	基本状况	使用现状
设备设施	电梯	自动扶梯：　部　层　规格 客梯：　部　层　规格 货梯　部　层　规格	正常、陈旧、破损、无法使用
	防盗系统	防盗门自动对讲系统、闭路监控系统	正常、陈旧、破损、无法使用
	给排水系统	镀锌、铸铁、PVC、不锈钢、水井	畅通、堵塞、锈蚀、破损、无法使用
	供电系统	暗管暗线、明管暗线、明线、自备发电	正常、陈旧、破损、线路老化、无法使用
	照明系统	吊灯、射灯、壁灯、筒灯、吸顶灯、格栏灯、日光灯、防爆灯	正常、陈旧、破损、无法使用
	空调系统	市政集中供暖、中央空调、空调、太阳能	正常、滴漏、锈蚀、破损、无法使用
	通信系统	电话线路　有线电视线路　宽带	正常、陈旧、破损、无法使用
	消防系统	消防栓、灭火器、自动喷淋系统、烟感报警系统	正常、陈旧、破损、无法使用

续表 3-2

装修情况	外墙	清水、砂浆、复合铝板、玻璃幕墙、瓷砖、涂料、马赛克、水刷石、墙砖、花岗岩、大理石	平整完好、轻度脱落破损、大面积脱落破损、严重腐蚀破损
	内墙	木板墙裙、纸墙、乳胶漆、彩喷、刷白、毛坯、清水、墙砖、布艺	平整完好、轻度脱落破损、大面积脱落破损、严重腐蚀破损
	天花板	PVC、石膏、矿棉吸音、玻璃、胶合板、纤维板、乳胶漆、刷白、毛坯	完整坚固、轻度变形下垂、局部松裂老化、严重翘裂剥落
		龙骨：轻钢、木、铝合金	
	房间地面	大理石、花岗岩、木地板、地砖、地毯、水磨石、水泥砂浆、毛坯、陶瓷砖、灰土	完整坚固、轻度磨损、局部破裂、沉陷不平、严重破坏
	楼梯间地面	大理石、花岗岩、木地板、地砖、地毯、水磨石、水泥砂浆、毛坯	完整坚固、轻度磨损、局部破裂、沉陷不平、严重破坏
	外门	木、铝合金、不锈钢、塑钢、玻璃钢、卷帘、平开、推拉、转、自动	完整坚固、划伤、锈蚀、变形、翘裂、腐朽、残破、开关是否灵活、五金是否齐全
	内门	木、铝合金、塑钢、玻璃钢、卷帘、玻璃、防盗	完整坚固、划伤、锈蚀、变形、翘裂、腐朽、残破、开关是否灵活、五金是否齐全
	窗	木、铝合金、塑钢、玻璃钢、卷帘、平开、推拉、玻璃、防护栏	完整坚固、划伤、锈蚀、变形、翘裂、腐朽、残破、开关是否灵活、五金是否齐全

勘查人员：

勘查日期：　　　年　　　月　　　日

（三）现场拍照

1. 商业房地产周边环境拍摄要点

（1）商业房地产所在街道或商场的位置、门牌号、铺位的整体外观或所在楼宇的整体外观，在拍摄期间要留意其开间和进深。

（2）商业房地产周边道路或街道的商业经营状况。

（3）经营性房地产周边的学校、幼儿园、政府部门、商场或大型超市、公园、写字楼、公交站、汽车站、火车站等。

2. 室内拍摄要点

(1) 地面、内墙、天花板均要拍摄，缺一不可。

(2) 选择拍摄的角度应尽可能呈现其空间布局。

(3) 拍摄室内时需要拍摄有人和没人的照片几张。

(4) 光线不足的时候要补充光源或开灯拍摄。

(5) 房间数量不止一个的时候，尽量每个房间都要拍摄。

3. 照片检查要点

拍完现场查勘照片后，在离开的时候除了要让领勘人在查勘表上签字确认外，还要记得检查照片数量和质量是否达标。

如果是新手不敢确定照片质量是否达标的时候，可尽量多拍摄些照片，将所见到的情况全部拍摄下来，这样可以确保不遗漏，回来后再根据要求筛选即可。

四、测算估价对象价值

(一) 求取年房地纯收益 A

1. 年房地有效总收益

(1) 建筑面积月租金收入的确定。

经市场调查估价对象的实际租金水平和该地区类似条件的商业用房的客观月租金收入，其客观月租金水平目前按建筑面积计价一般在 170~190 元/米^2 之间。估价对象位于江北区建北一支路 8 号裙楼 1815 号（新上海大厦），估价人员结合估价对象的实际情况，经测算分析后取调查案例的月租金的 180 元/米^2 作为估价对象每建筑面积的月均租金收入。

(2) 可出租面积的确定。

因调查选取的租金收入案例均为单位建筑面积租金水平，含有建筑物公摊面积；同时，在重庆市主城区的商业用房如果采用此类出租方式，一般情况下，也是将设备用房、过道及楼梯间等作为公摊面积一并计算入可租赁面积；因此，估价人员确定估价对象的可出租面积比率为 100%。

(3) 空置率的确定。

经调查该区域商业用房均为成熟的商业地段，几无空置，估价人员结合估价对象的实际情况，本次估价取 2%。

(4) 年房地有效总收益的确定。

年房地有效总收益 = 180 元/（米^2·月）× 100% ×（1－2%）× 12 个月

= 2116.80 元/（米^2·年）

2. 年房地总费用

年房地总费用包括管理费、维修费、保险费及税金，分别按年有效总收益的一定比例计算，具体见表3-3。

表3-3　　　　　　　　　　　年房地总费用计算表

项目	计算过程或公式	金额/(元·米$^{-2}$)
管理费	年有效总收益的2%	42.34
维修费	年有效总收益的2%	42.34
税金	年有效总收益的17.5%	370.44
保险费	年有效总收益的0.2%	4.23
年总费用		459.35

3. 年房地净收益

年房地净收益＝年房地总收益－年房地总费用

即为 2116.80－459.35＝1657.45（元/米^2）。

（二）资本化率 r 的确定

资本化率 r 采用安全利率加风险调整值法，即还原率＝安全利率＋风险调整值。根据估价对象所处地区的社会经济发展、房地产市场和土地取得方式等状况对其影响程度，其收益较稳定，故经测算综合确定为7.0%。

（三）房地产自估价时点起至未来可获收益的年限 n

根据《房地产估价规范》，估价对象房屋属于钢混结构非生产用房，其经济耐用年限为70年，约建成于2005年，已使用约10年，尚可使用60年。估价对象土地使用权类型为出让，终止日期至2043年10月13日，截至估价时点，其土地使用权剩余年限为28.5年，根据孰短原则，故该商业用房的剩余收益年限 n＝28.5年。

（四）计算估价对象于估价时点的收益价格

1. 租金增长率 g 的确定

经调查该区域内已形成较好的商业氛围，其房地产价格发展趋势应随商服氛围逐渐浓厚而呈上涨态势。结合与估价对象类似房地产连续3年的租金涨幅，并结合估价师经验，确定 g 为1%，并设定有效使用年期内仍按此比例递增。

2. 收益价格计算

$$V = \frac{A}{r-g} \times \left[1 - \left(\frac{1+g}{1+r}\right)^n\right]$$

$$= \frac{1657.45}{7\% - 1\%} \times \left[1 - \left(\frac{1+1\%}{1+7\%}\right)^{28.5}\right]$$

$$= 22291 \text{ 元/米}^2$$

取整为 22300 元/米²。

房地产总价 = 22300 元/米² × 27.49 米² = 61.30（万元）

套内建筑面积单价 = 646000 ÷ 14.95 = 41003（元/米²）

（五）估价结果确定

经过以上分析测算，并结合本次估价目的和估价人员的经验，确定估价对象于估价时点的市场评估价值为

建筑面积单价：￥22300 元/米²（折合套内单价：41003 元/米²）；

总价：￥61.30 万元（人民币大写：陆拾壹万叁仟元整）。

【练习题】

1. 某宗已抵押的收益性房地产，年有效毛租金收入 500 万元，年房屋折旧费 30 万元，维修费、保险费、管理费等 50 万元，水电供暖费等 40 万元，营业税及房地产税等 65 万元，年抵押贷款还本付息额 70 万元。租赁合同约定，保证合法、安全、正常使用所需的一切费用均由出租人负担。请计算该房地产的净收益。

2. 某宗房地产年收益为 60 万元，建筑物价值为 200 万元，建筑物资本化率为 12%，土地报酬率为 6%，请计算该房地产的价值。

3. 某写字楼持有 5 年后出售，持有期内年均有效毛收入 400 万元，运营费用率 30%，预计 5 年后出售时总价 6000 万元，销售税费为售价的 6%，无风险报酬率为 6%，风险报酬率为无风险报酬率的 25%。请计算该写字楼目前的价格。

4. 某写字楼的建筑面积为 540 米²，年有效毛收入为 108 万元，年运营费用与建筑物净收益之和为 400 元/米²，土地资本化率为 10.8%，假设收益年期无限。请计算该写字楼用地的价格。

5. 某宗商用房地产于 30 年前建成，预计建筑物剩余自然寿命为 20 年，房地产未来第一年的净收益为 28 万元，此后每年的净收益会在上一年的基础上减少 2 万元，报酬率为 8%，请计算该房地产的收益价格。

6. 某写字楼的剩余收益年限为 38 年，预计 5 年后售出时价格将上涨 20%，销售税费率为 6%，已知持有期内年有效毛收入为 400 万元，运营费用率为 30%，报酬率中无风险报酬率为 6%，风险报酬率为无风险报酬率的 25%，请计算该写字楼目前的收益价格。

7. 某宗出租的房地产，建筑面积为 40000 米²，容积率为 4，土地使用期限为 40 年，自 2005 年 10 月 1 日起计算，约定不可续期。建筑物为钢筋混凝土结构，于 2007 年 10 月 1 日建成，可供出租的面积占总建筑面积的 70%。根据市场调查结果得知，2010 年 10 月 1 日该类房地产的租金为每月 40 元/米²，年平均空置率为 20%，平均每月除税费

外的运营费用为30万元,出租人承担的税费约占租金收入的8%,该房地产现时土地单价为2100元/米^2,土地报酬率为8%,建筑物报酬率为10%,请计算该房地产在2010年10月1日的价值。

项目四　在建工程评估

【学习目标】

知识目标

(1) 熟悉在建工程的相关知识。
(2) 熟悉成本法的基本原理。
(3) 掌握成本法的基本公式。
(4) 掌握成本法重新购建价格的求取。

技能目标

能运用成本法评估在建工程的价格。

【项目概述】

×××房地产开发公司为了资金周转,欲将一处在建工程项目进行抵押,现委托估价公司评估该在建工程的抵押价值,估价时点2015年4月1日。

估价对象状况如下。

1. 位置和环境状况

项目位于重庆市西永组团,L39-6/03、L40-1/03、L40-2/03、L41/03号地块。地块周边有首创光和城、金科天辰、龙湖好城时光等楼盘,距离西永商业中心1千米左右,距离轨道1号线微电园站5分钟车程。地块紧靠虎溪河,区域内还有3大市政公园。项目已开发1年。

2. 估价对象实物状况

（1）建筑结构状况。项目总建筑面积 553235 米^2，这宗地由 A、B、C、D 四个地块组成，A 地块规划为洋房，B 地块规划为 7 栋高层，C 地块规划为 9 栋高层，D 地块规划为 1 栋高层和商业。

估价对象为 C 地块（L40-1/03）及 9 栋高层。C 地块面积 74300 米^2，总建筑面积 294754 米^2，绿地率 30%。高层地上 26 层，地下 1 层。现已修建至第 10 层，已建成面积 113366 米^2。根据施工合同，该工程于 2017 年 3 月交房。

（2）设计装修状况。

外墙：刷外墙漆；内部毛坯。

公共部分：楼梯间地面水泥砂浆压光；墙面刷白色涂料；楼梯栏杆为普通金属栏杆，木扶手；除楼梯间以外的公共部位均为防滑地砖，中国黑大理石踢脚，墙面为地砖同款墙砖；声控吸顶灯。

门窗：单元对讲门安装到位；防盗门安装到位；所有户内门均不安装，地下室内门安装到位；外门窗采用隔热断桥铝合金门窗、中空玻璃，配纱窗。

（3）附属设施设备状况。

水暖系统：给排水安装到户。

通信系统：为每户提供多个电话及宽带网络端口；有线电视系统每户预留两个端口；户内可视对讲系统控制中心联网。

安保系统：防火门安装到位，消防设施安装到位；厨房安装燃气泄漏报警器；地下车库设车辆出入管理系统，持 IC 卡通行；单元及电梯轿厢内安装闭路电视监控系统。

3. 估价对象权益状况

土地使用者为×××房地产开发公司，已领《国有土地使用证》，土地使用权面积 211600 米^2，其中估价对象 C 地块面积 74300 米^2。规划用途为二类居住用地，出让方式拍卖，土地使用权终止日期 2080 年 6 月。

该在建工程所有权属×××房地产开发公司，形象进度已建至地上 10 层，已建成面积 113366 米^2；产权来源清楚，无争议。根据施工进度计划，该工程于 2017 年 3 月交房。

4. 估价目的

抵押贷款。

5. 估价时点

2015 年 4 月 1 日。

在建工程评估常常采用成本法和假设开发法进行评估，本章介绍成本法评估在建工程的过程。成本法评估操作步骤如下。

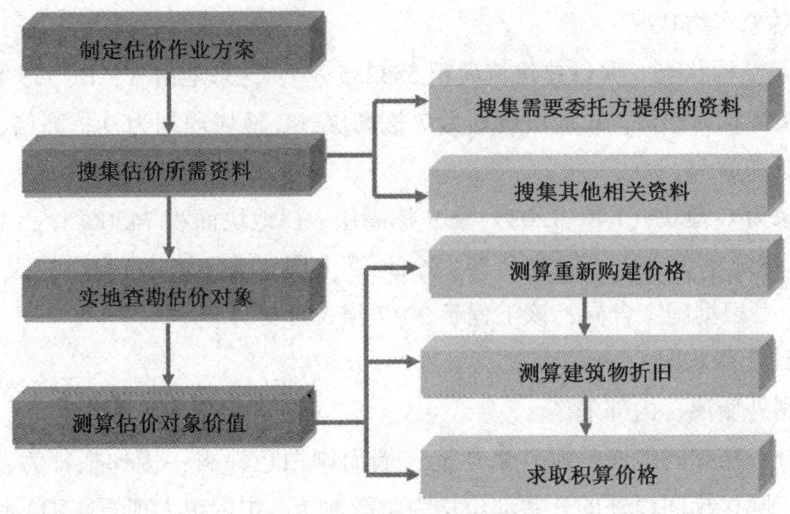

图 4-1 成本法操作步骤

【知识平台】

一、在建工程认识

（一）在建工程的含义

在建工程泛指处于建设过程中、尚未完工并交付使用的工程项目，一般把是否进行了整体竣工验收作为界定的主要依据。在建工程包括两种进度形态：一是房屋建筑正在施工或虽停工但尚未完工的工程形态，含停缓建工程，烂尾楼也包括在内；二是已经完工，但尚未竣工验收交付使用或已竣工验收尚未办理房地产权证的建设项目。

对于已经完工，但尚未竣工验收交付使用或已竣工验收尚未办理房地产权证的建设项目，有人认为这样的项目具有了使用价值，可以按这正常项目运用收益法来评估，这种说法是错误的。《中华人民共和国建筑法》第六十一条规定："建筑工程竣工验收合格后，方可交付使用；未经验收或者验收不合格的，不得交付使用。"由此可见，根据合法性原则，已经完工但尚未竣工验收交付使用或已竣工验收尚未办理房地产权证的建设项目只能作为在建工程评估。

（二）在建工程的特点

对于估价人员来讲，在建工程的评估属于比较复杂的项目，在建工程房地产有着与一般房地产不同的特点。

1. 所有权相对确定

在建工程所有权的相对确定性是指在建工程在主管机关正式颁发所有权证书之前，其所有权处于相对确定的状态。

2. 合法性

在建工程房地产必须是经过国家法定机关在其职权范围内，依照法律规定的程序进行审批后取得相关批文的合法工程，未经审批并取得规划红线图、施工许可证等合法手续的违章建筑不受法律保护，不可以抵偿法律文书确定的债务。

3. 可转让性受限制

在市场经济条件下，在建工程与其他房地产一样属于商品，有其内在价值及使用价值。但是由于在建工程处于法律上或事实上的未完成状态，该在建工程是否能够转让变卖，使抵押权人从中优先获偿，对其抵押价值评估具有重要意义。只有那些在市场上能够转让变卖、抵偿债务的在建工程，才具有抵押价值。《城市房地产转让管理规定》第十条设置了在建工程转让的条件："按照出让合同约定进行投资开发，属于房屋建设工程的，应完成开发投资总额的百分之二十五以上。"这意味着开发投资总额未达到25%的在建工程因不具备转让条件，而无法设置抵押登记，从而没有抵押价值。

4. 可比性差

在建工程涵盖了从刚刚投资兴建的工程到已完成建设但尚未验收交付使用的工程，跨度之大造成了在建工程房地产之间基本没有任何可比性，所以不适合采用市场比较法估价。

5. 形象进度与实际投资额较难一致

在建工程实际投资额，其账面价值包括预付材料款和预付设备款，同时也记录在建工程中应付材料及应付设备款等，因此，在建工程投资不能完全体现在建工程的形象进度。

6. 种类多

在建工程房地产涉及各种类型的房地产，如不同用途、不同结构的厂房、仓库、商场、写字楼、普通住宅、高级住宅等。

7. 造价差异大

同种用途、同种结构的在建工程，由于地基的特殊处理要求，可能导致其比正常情况下的房地产投资额大很多。

8. 法定抵押权优先于约定抵押权

《中华人民共和国合同法》第二百八十六条规定："发包人未按照约定支付价款的，承包人可以催告发包人在合同期限内支付价款。发包人逾期不支付的，除按照建设工程的性质不宜折价、拍卖的以外，承包人可以与发包人协议将该工程折价，也可以申请人民法院将该工程依法拍卖。建设工程的价款就该工程折价或者拍卖的价款优先受偿。"也就是承包人的法定受偿权优先于银行与抵押人的约定抵押权。这就是我们经常提到的估价师应该知悉的法定优先受偿权。

二、成本法概述

（一）成本法的概念

成本法是求取估价对象在估价时点的重新购建价格和折旧，然后将重新购建价格减去折旧来求取估价对象价值的方法，其实质是以房地产的重新开发建设成本为导向求取估价对象的市场价值。

重新购建价格，又称重新购建成本，是指假设在估价时点重新获取全新状况的估价对象所必需的支出，或者重新开发建设全新状况的估价对象所必需的支出和应获得的利润。

成本法可以说是以房地产价格各个构成部分的累加为基础来评估房地产价值的方法，因此，通常把成本法求得的价格简称积算价格。这里的"成本"通常包括开发建设中的费用、税费和正常利润三大部分。

（二）成本法的理论依据

成本法的理论依据是生产费用价值论，即商品的价格是依据其生产所必要的费用而决定。卖方愿意接受的最低价格不能低于他为开发建设该房地产已花费的代价，否则他就要亏本；买方愿意支付的最高价格不能高于其预计重新开发建设该房地产的必要支出，否则不如自己开发建设。

（三）成本法的适用范围

成本法的适用范围：

①新近开发建设完成的房地产（简称新开发的房地产）；
②可以假设重新开发建设的现有房地产（简称旧的房地产）；
③正在开发建设的房地产（即在建工程）；
④计划开发建设的房地产；
⑤很少发生交易，又没有经济收益或潜在收益的房地产，如学校、医院、图书馆、体育场、公园、行政办公楼、军队营房等；
⑥有独特设计或者只针对个别使用者的特殊需要而开发建设的房地产，如化工厂、钢铁厂、发电厂、油田、码头、机场等。

三、房地产价格的构成

运用成本法估价的一项基础工作，是搞清楚房地产价格的构成。下面以"取得房地产开发用地进行房屋建设，然后销售所建成的商品房"这种典型的房地产开发经营方式为例来划分房地产价格的构成。在这种情况下,房地产价格通常由如下七大项构成:①土地取得成本;②开发成本;③管理费用;④销售费用;⑤投资利息;⑥销售税费;⑦开发利润。

(一) 土地取得成本

土地取得成本是指取得房地产开发用地的必要支出。在目前情况下,土地取得成本的构成因取得房地产开发用地的途径不同而不同。取得房地产开发用地的途径可归纳为以下3个方面:①通过市场购置取得;②通过征收集体土地取得;③通过征收国有土地上房屋取得。

1. 市场购置下的土地取得成本

市场购置下的土地取得成本＝土地使用权购买价格+买方应当缴纳的税费。土地使用权购买价格一般是采用市场比较法求取,也可以采用基准地价修正法、成本法求取;买方应当缴纳的税费,包括契税、印花税、交易手续费等,通常是根据税法及中央和地方政府的有关规定,按照土地使用权购买价格的一定比例来测算。

2. 征收集体土地的土地取得成本

征收集体土地的土地取得成本一般包括土地使用权出让金、城市基础设施建设费、征地补偿安置费、相关税费以及地上物拆除、渣土清运和场地平整费等。土地使用权出让金和城市基础设施建设费一般是按照规定的标准或者采用市场比较法求取。

3. 征收国有土地上房屋的土地取得成本

征收国有土地上房屋的土地取得成本＝土地使用权出让金+城市基础设施建设费+房屋拆迁补偿安置费+相关费用以及地上物拆除+渣土清运和场地平整费。房屋拆迁补偿安置费由征收人对被征收人给予拆迁补偿安置所发生的全部费用构成。

(二) 开发成本

开发成本是指在取得的房地产开发用地上进行基础设施建设、房屋建设所必要的直接费用、税金等,主要包括:①勘察设计和前期工程费;②建筑安装工程费;③基础设施建设费;④公共配套设施建设费;⑤其他工程费;⑥开发期间税费。

(三) 管理费用

管理费用是指房地产开发商为组织和管理房地产开发经营活动的必要支出,包括房地产开发商的人员工资及福利费、办公费、差旅费等,可总结为土地取得成本与开发成本之和的一定比例,如5%。

(四) 销售费用

销售费用也称销售成本,是指预售或者销售已经开发完成的房地产的必要支出,包括广告费、销售资料制作费、样板房或样板间建设费、售楼处建设费、销售人员费用或者销售代理费等。销售费用通常按照销售收入的一定比例来测算，如4%。

（五）投资利息

1. 投资利息的含义

投资利息是指在房地产开发完成或者实现销售之前发生的所有必要费用应计算的利息。应计息项目包括土地取得成本、开发成本、管理费用和销售费用，销售税费一般不计算利息。

投资利息与财务费用不完全相同，是指在房地产开发完成或者实现销售之前发生的所有必要费用应计算的利息，而不仅是借款的利息和手续费。因此，土地取得成本、开发成本、管理费用和销售费用，无论它们是来自借贷资金还是自有资金，都应计算利息。

2. 投资利息的计算

计算投资利息具体需要把握以下五个方面。

（1）应计息项目：包括土地取得成本、开发成本、管理费用和销售费用。销售税费一般不计算利息。

（2）计息周期：是指计算利息的单位时间。计息周期可以是年、半年、季、月等，通常为年。

（3）计息期：也称计息周期数。为确定每项费用的计息期，首先要估算整个房地产开发项目的建设期。估算建设期可以采用类似于市场比较法的方法，即通过类似房地产已发生的建设期的比较、修正和调整来求取。有了建设期之后，便可以估计土地取得成本、开发成本、管理费用、销售费用在该建设期间发生的时间及发生的金额。

需要说明的是，有些费用不是集中在一个时点发生，而是分散在一个时期内发生，如在一段时期内持续发生，但计息时通常将其假设为在所发生的时间段内均匀发生，并具体视为集中发生在该时间段的期中。

（4）计息方式：有单利和复利两种。单利是指每期均按原始本金计算利息，即只有本金计算利息，而本金所产生的利息不计算利息。复利是指以上一期的利息加上本金为基数计算当期利息的方法，即通常说的"利滚利"。

（5）利率：是用百分比表示的单位时间内增加的利息与原金额之比。利率有单利利率和复利利率，存款利率和贷款利率，名义利率和实际利率等。在单利利率和复利利率之间选取不同的利率，应采取相对应的计息方式，反过来，采取不同的计息方式，应选取相对应的利率。

（六）销售税费

销售税费是指预售或销售未来开发完成的房地产应由卖方（在此为房地产开发商）缴纳的税费，可分为下列两类。

(1) 销售税金及附加，包括营业税、城市维护建设税和教育费附加（通常简称"两税一费"）。

(2) 其他销售税费，包括印花税、交易手续费等。销售税费一般是按照售价的一定比例收取，例如"两税一费"一般为售价的 5.5%。因此，销售税费通常按照房地产价值的一定比例来测算。

(七) 开发利润

开发利润是指房地产开发商（业主）的利润，而不是建筑承包商的利润。建筑承包商的利润已包含在建筑安装工程等费用中。现实中的开发利润是一种结果，是由销售收入减去各项成本、费用、税金后的余额。利润率包括直接成本利润率、投资利润率、成本利润率、销售利润率。

估算开发利润应掌握下列几点：①开发利润是土地增值税、企业所得税前的，简称税前利润，即开发利润=开发完成后的房地产价值-土地取得成本-开发成本-管理费用-投资利息-销售费用-销售税费；②开发利润是在正常条件下开发商所能获得的平均利润，而不是个别开发商最终获得的实际利润，也不是个别开发商所期望获得的利润；③开发利润是按一定基数乘以同一市场上类似房地产开发项目所要求的相应平均利润率来计算。

开发利润的计算基数和相应的利润率有下列几种：

$$直接成本利润率 = \frac{开发利润}{土地取得成本 + 建设成本}$$

$$投资利润率 = \frac{开发利润}{土地取得成本 + 建设成本 + 管理费用 + 销售费用}$$

$$成本利润率 = \frac{开发利润}{土地取得成本 + 建设成本 + 管理费用 + 销售费用 + 投资利息}$$

$$销售利润率 = \frac{开发利润}{土地取得成本 + 建设成本 + 管理费用 + 销售费用 + 投资利息 + 销售税费 + 开发利润}$$

$$= \frac{开发利润}{开发完成后的房地产价值}$$

四、成本法的计算公式

(一) 基本公式

成本法最基本的公式

$$房地产价值 = 重新购建价格 - 建筑物折旧$$

上述公式可以根据以下两类估价对象而具体化：①新开发的房地产；②旧的房地产。

(二) 适用于新开发的房地产的基本公式

1. 适用于新开发的房地的基本公式

新开发的房地价值=土地取得成本+开发成本+管理费用+销售费用+投资利息+销售税费+开发利润

2. 适用于新建成的建筑物的基本公式

新建成的建筑物价值=建筑物建设成本+管理费用+销售费用+投资利息+销售税费+开发利润

3. 适用于新开发的土地的基本公式

新开发的土地价值=待开发土地取得成本+土地开发成本+管理费用+销售费用+投资利息+销售税费+开发利润

新开发的房地产采用成本法估价虽然一般不存在物质折旧，但应考虑其选址是否适当、规划设计是否合理、工程质量的优劣、周围环境和景观的好坏以及该类房地产的供求状况等，全面衡量其功能折旧、外部折旧以及可能的增值因素，予以适当的减价或增价调整。

(三) 适用于旧的房地产的基本公式

1. 适用于旧的房地的基本公式

旧的房地价值=房地重新购建价格−建筑物折旧

或者

旧的房地价值=土地重新购建价格+建筑物重新购建价格−建筑物折旧

2. 适用于旧的建筑物的基本公式

旧的建筑物价值=建筑物重新购建价格−建筑物折旧

五、重新购建价格的求取

(一) 重新购建价格的含义

重新购建价格，又称重新购建成本，是指假设在估价时点重新获取全新状况的估价对象所必需的支出，或者重新开发建设全新状况的估价对象所必需的支出和应获得的利润。其中重新获取可以简单地理解为重新购买，重新开发建设可以简单地理解为重新生产。

把握重新购建价格的含义，还应特别注意以下3点。

(1) 重新购建价格应当是估价时点时的价格。

（2）重新购建价格应当是客观的价格。

（3）建筑物的重新购建价格应是在全新状况下的价格，土地的重新购建价格应当是在估价时点状况下的价格。

（二）重新购建价格的求取思路

1. 求取房地的重新购建价格

求取房地的重新购建价格有两大路径：一是模拟房地产开发商的房地产开发过程；二是将该房地分为土地和建筑物两个相对独立的部分，先求取土地的重新购建价格，再求取建筑物的重新购建价格，然后将这两者相加来求取。

2. 求取土地的重新购建价格

求取土地的重新购建价格通常是假设该土地上没有建筑物，除此之外的状况均维持不变，然后采用市场比较法、基准地价修正法等求取该土地的重新购置价格。

3. 求取建筑物的重新购建价格

求取建筑物的重新购建价格，是假设该建筑物占用的土地已经取得，并且该土地为没有该建筑物的空地，但除了没有该建筑物之外，其他状况均维持不变，然后在该土地上建造与该建筑物相同或者具有同等效用的全新建筑物的必要支出及应得利润。

按照建筑物重新建造方式的不同，可将建筑物重新购建价格分为重建价格和重置价格。重置价格也称重置成本，是指采用估价时点时的建筑材料、建筑构配件、建筑设备和建筑技术及工艺等，在估价时点时的国家财税制度和市场价格体系下，重新建造与估价对象建筑物具有同等效用的全新建筑物的必要支出及应得利润。重建价格也称重建成本，是指采用与估价对象建筑物相同的建筑材料、建筑构配件、建筑设备和建筑技术及工艺等，在估价时点时的国家财税制度和市场价格体系下，重新建造于估价对象建筑物相同的全新建筑物的必要支出和应得利润。可以把这种重新建造方式形象地理解为"复制"。

重建价格与重置价格通常不同。一般的建筑物适用重置价格，有历史或美学价值的建筑物适用重建价格。由于技术进步等原因，成本会降低，因此，重置价格通常比重建价格低。

（三）重新购建价格的求取方法

建筑物重新购建价格可以采用市场比较法、成本法求取，也可以通过政府或者其授权的部门、机构公布的房屋重置价格或者房地产市场价格扣除其中可能包含的土地价格来求取。求取建筑物重新购建价格的具体方法，根据求取其中的建筑安装工程费的方法来区分，有单位比较法、分部分项法、工料测量法和指数调整法。

1. 单位比较法

单位比较法是以估价对象建筑物为整体，选取某种与该类建筑物的建筑安装工程费密切相关的计量单位（如单位建筑面积、单位体积、延长米等）作为比较单位，然后调查、了解在估价时点的近期建成的类似建筑物的这种单位建筑安装工程费，并对其进行适当的修正、调整，再加上相应的专业费用、管理费用、销售费用、投资利息、销售税费和开发利润，来求取估价对象建筑物重新购建价格的方法。单位比较法实质上是一种市场比较法。单位比较法主要有单位面积法和单位体积法。

2. 分部分项法

分部分项法是先假设将估价对象建筑物分解为各个独立的构件或分部分项工程，并测算每个独立构件或分部分项工程的数量，然后调查、了解估价时点时的各个独立构件或分部分项工程的单位价格或成本，最后将各个独立构件或分部分项工程的数量乘以相应的单位价格或成本后相加，再加上相应的专业费用、管理费用、销售费用、投资利息、销售税费和开发利润，来求取建筑物重新购建价格的方法。在运用分部分项法测算建筑物的重新购建价格时，需要注意以下两点：①应结合各个构件或分部分项工程的特点使用计量单位，有的要用面积，有的要用体积，有的要用长度，有的要用容量（如千瓦、千伏安）；②既不要漏项也不要重复计算，以免造成测算不准。

3. 工料测量法

工料测量法是先假设将估价对象建筑物还原为建筑材料、建筑构配件和建筑设备，并测算重新建造该建筑物所需要的建筑材料、建筑构配件、建筑设备的种类、数量和人工时数，然后调查、了解估价时点时相应的建筑材料、建筑构配件、建筑设备的单价和人工费标准，最后将各种建筑材料、建筑构配件、建筑设备的数量和人工时数乘以相应的单价和人工费标准后相加，再加上相应的专业费用、管理费用、销售费用、投资利息、销售税费和开发利润，来求取建筑物重新购建价格的方法。

4. 指数调整法

指数调整法也称成本指数趋势法，是利用有关成本指数或变动率，将估价对象建筑物的历史成本调整到估价时点的成本来求取建筑物重新购建价格的方法。这种方法主要用于检验其他方法的测算结果。将历史成本调整到估价时点的成本的具体方法，与市场比较法中市场状况调整的方法相同。

六、建筑物折旧的求取

（一）建筑物折旧的含义

估价上的折旧与会计上的折旧，虽然都称为折旧并且有一定的相似之处，但两者的内涵有着本质的区别。估价上的建筑物折旧是指各种原因造成的建筑物价值减损，其金额为建筑物在估价时点的市场价值与在估价时点的重新购建价格之差，即

$$建筑物折旧 = 建筑物重新购建价格 - 建筑物市场价值$$

建筑物重新购建价格表示建筑物在全新状况下的市场价值，将其减去建筑物折旧，相当于对其实际上不是全新状况对价值的影响进行相应的减价调整，所得的结果表示建筑物在估价时点状况下的市场价值，即

$$建筑物市场价值 = 建筑物重新购建价格 - 建筑物折旧$$

（二）引起建筑物折旧的原因

根据引起建筑物折旧的原因，建筑物折旧可分为物质折旧、功能折旧和经济折旧三大类。

1. 物质折旧

物质折旧也称有形损耗，是指建筑物在实体上的老化、磨损、损坏造成的建筑物价值减损。可以从以下4个方面进一步认识和把握物质折旧。

（1）自然经过的老化：主要是随着时间的流逝由自然力作用引起的。

（2）正常使用的磨损：主要是由人工使用引起的，它与建筑物的使用性质、使用强度和使用时间正相关。

（3）意外破坏的损毁：主要是由突发性的天灾人祸引起的，包括自然方面的，如地震、水灾、风灾、雷击；人为方面的，如失火、碰撞等。

（4）延迟维修的损坏残存：主要是由于没有适时地采取预防、养护措施或者修理不够及时所引起的，它造成建筑物不应有的损坏或提前损坏，或者已有的损坏仍然存在，如门窗有破损，墙体或地面有裂缝、洞等。

2. 功能折旧

功能折旧也称无形损耗，是指建筑物在功能上的缺乏、落后或过剩造成的建筑物价值减损。

（1）功能缺乏是指建筑物没有其应该有的某些部件、设备、设施或系统等。

（2）功能落后是指建筑物已有的部件、设备、设施或系统等的标准低于正常标准或有缺陷而阻碍其他部件、设备、设施或系统等的正常运营。

（3）功能过剩是指建筑物已有的部件、设备、设施或系统等的标准超过市场要求的标准而对房地产价值的贡献小于其成本。

3. 经济折旧

经济折旧也称为外部折旧，是指建筑物以外的各种不利因素造成的建筑物价值减损。不利因素可能是区位因素（如周围环境和景观改变，包括景观被破坏、自然环境恶化、环境污染、交通拥挤、城市规划改变等）、经济因素（如市场供给过量或需求不足），也可能是其他因素（如政府政策变化、采取宏观调控措施等）。进一步可把外部折旧区分为永久性的和暂时性的。

(三) 建筑物折旧的求取方法

建筑物折旧的求取方法主要有三种，分别是年限法、市场提取法和分解法。

1. 年限法

年限法也称年龄-寿命法，是根据建筑物的经济寿命、有效年龄或剩余经济寿命来求取建筑物折旧的方法，年限法中最主要的是直线法、成新折扣法。

建筑物的寿命可分为自然寿命和经济寿命。建筑物的自然寿命指建筑物从竣工之日起，到建筑物的主要结构构件和设备的自然老化或损坏而不能继续保证建筑物安全使用为止的时间。建筑物的经济寿命是指建筑物对房地产价值有贡献的时期。对收益性房地产来说，建筑物的经济寿命是建筑物从竣工之日起，在正常市场和运营状态下，房地产产生的收入大于运营费用的持续年数。

建筑物的年龄可分为实际年龄和有效年龄。建筑物的实际年龄指建筑物从竣工之日起到估价时点时的日历年数，类似于人的实际年龄。建筑物的有效年龄是指估价时点时的建筑物状况和效用所显示的经过年数，类似于人看上去的年龄。

建筑物的有效年龄可能短于也可能长于其实际年龄。

建筑物的剩余寿命是其寿命减去年龄之后的寿命，分为剩余自然寿命和剩余经济寿命。

$$剩余自然寿命 = 自然寿命 - 实际年龄$$

$$剩余经济寿命 = 经济寿命 - 有效年龄$$

如果建筑物的有效年龄比实际年龄小，就会延长建筑物的剩余经济寿命；反之，就会缩短建筑物的剩余经济寿命。

(1) 直线法。

直线法是最简单和迄今应用得最普遍的一种折旧求取方法，它假设在建筑物的经济寿命期间每年的折旧额相等。直线法的年折旧额计算公式为

$$D_i = D = \frac{C - S}{N} = \frac{C(1 - R)}{N}$$

式中，D_i——第 i 年的折旧额，或称第 i 年的折旧。在直线法的情况下，每年的折旧额 D_i 是一个常数 D。

C——建筑物的重新购建价格。

S——建筑物的净残值，是建筑物的残值减去清理费用后的余额。建筑物的残值是预计建筑物达到经济寿命后，不宜继续使用时，经拆除后的旧料价值。清理费用是拆除建筑物和搬运废弃物所发生的费用。

N——建筑物的经济寿命。

R——建筑物的净残值率，简称残值率，是建筑物的净残值与其重新购建价格的

比率。

有效年龄为 t 年的建筑物折旧总额的计算公式为

$$E_t = D \times t = (C - S)\frac{t}{N} = C \times d \times t$$

式中，E_t——建筑物的折旧总额。

采用直线法折旧下的建筑物现值的计算公式为

$$V = C - E_t = C - (C - S)\frac{t}{N} = C(1 - d \times t)$$

例 4-1 某幢房屋的建筑面积为 150 米^2，有效年龄为 20 年，预期经济寿命为 40 年，重置价格为 800 元/米^2，残值率为 3%。请用直线法计算该房屋的折旧额，并计算其现值。

解：已知 $t=20$ 年，$N=40$ 年，$C=800\times150=120000$（元），$R=3\%$；

该房屋的折旧总额 $E_t = C \times (1 - R)\frac{t}{N} = 120000 \times (1 - 3\%)\frac{20}{40} = 58200$（元）

现值 $V = C - E_t = 120000 - 58200 = 61800$（元）

（2）成新折扣法。

早期运用成本法求取建筑物的现值时，习惯于根据建筑物的建成年代、新旧程度或完损程度等，判定出建筑物的成新率，或者用建筑物的寿命、年龄计算出建筑物的成新率，然后将建筑物的重新购建价格乘以该成新率来直接求取建筑物的现值。这种方法被称为成新折扣法，计算公式为

$$V = C \times q$$

式中，V——建筑物的现值；

C——建筑物的重新购建价格；

q——建筑物的成新率，%。

如果利用建筑物的经济寿命、有效年龄或剩余经济寿命来求取建筑物的成新率，则成新折扣法就成了年限法的另一种表现形式。用直线法计算成新率的公式为

$$q = \left[1 - (1 - R)\frac{t}{N}\right] \times 100\% = \left[1 - (1 - R)\frac{N - n}{N}\right] \times 100\%$$

$$= \left[1 - (1 - R)\frac{t}{t + n}\right] \times 100\% = 100\% - dt$$

当 $R=0$ 时，

$$q = \left(1 - \frac{t}{N}\right) \times 100\% = \frac{n}{N} \times 100\% = \frac{n}{t + n} \times 100\%$$

例 4-2 某幢 10 年前建成交付使用的房屋，在此 10 年间维护状况正常，房地产估价师经实地查勘判定其剩余经济寿命为 30 年，残值率为零。请用直线法计算该房屋的

成新率。

解：已知：$t=10$ 年，$n=30$ 年，$R=0$；

该房屋的成新率 $q = \dfrac{n}{t+n} \times 100\% = \dfrac{30}{10+30} \times 100\% = 75\%$

2. 市场提取法

市场提取法是通过含有与估价对象中的建筑物具有相同或相似折旧状况的建筑物的房地可比实例，来求取估价对象中的建筑物折旧的方法。相同或相似折旧状况，是指可比实例中的建筑物折旧类型（物质折旧、功能折旧、外部折旧）和折旧程度与估价对象中的建筑物折旧类型和折旧程度相同或相当。

3. 分解法

分解法是把建筑物折旧分成它的各个组成部分，分别测算出各个组成部分，然后把它们相加来求取建筑物折旧的方法。建筑物折旧可以分为物质折旧、功能折旧和外部折旧，而物质折旧、功能折旧和外部折旧又可为若干个组成部分，然后根据各个组成部分的特点分别采用适当的方法予以求取。

（三）求取建筑物折旧应注意的事项

1. 估价上的折旧与会计上的折旧的本质区别

在求取建筑物折旧时，应注意估价上的折旧与会计上的折旧的本质区别：估价上的折旧注重的是市场价值的真实减损，科学地说不是"折旧"，而是"减价调整"；会计上的折旧注重的是原始价值的分摊、补偿或回收。

2. 土地使用期限对建筑物经济寿命的影响

在国有建设用地使用权下，建筑物经济寿命与土地使用期限可能不是同时结束，因此，在求取建筑物折旧时应注意土地使用期限对建筑物经济寿命的影响。计算建筑物折旧所采用的建筑物经济寿命遇到下列情况的处理方式如下。

（1）建筑物经济寿命早于土地使用期限而结束的，应按照建筑物经济寿命计算建筑物折旧。

（2）建筑物经济寿命晚于土地使用期限而结束的，分为以下两种情况：①出让合同约定土地出让期限届满需要无偿收回国有建设用地使用权时，根据收回时建筑物的残余价值给予土地使用者相应补偿；②出让合同约定土地出让期限届满需要无偿收回国有建设用地使用权时，建筑物也无偿收回。对于上述第一种情况，应按照建筑物经济寿命计算建筑物折旧。对于上述第二种情况，应按照建筑物经济寿命减去其晚于土地使用期限的那部分寿命后的寿命计算建筑物折旧。

七、房屋完损等级评定

(一) 房屋完损等级的有关规定

房屋完损等级是用来检查房屋维修养护情况的一个标准,是确定房屋真实新旧程度和测算房屋折旧的一个重要依据。房屋的完好程度越高,其现值就越接近于重新购建价格。1984年11月8日,城乡建设环境保护部发布了《房屋完损等级评定标准(试行)》,同年12月12日发布了《经租房屋清产估价原则》。

根据房屋的结构、装修、设备三个组成部分的各个项目完好、损坏程度划分为以下五类:完好房、基本完好房、一般损坏房、严重损坏房、危险房。

(二) 房屋折旧的有关规定

1992年6月5日,建设部、财政部制定的《房地产单位会计制度——会计科目和会计报表》(建综〔1992〕349号印发)对经租房产折旧作了有关规定。

(1) 计算折旧必须确定房产的价值、使用年限、残值和清理费用,计算公式为

$$年折旧额 = 原价 \times (1 - 残值率) \div 耐用年限$$

(2) 经租房产根据房屋结构分为四类七等。

①钢筋混凝土结构:全部或承重部分为钢筋混凝土结构,包括框架大板与框架轻板结构等房屋。这类房屋一般内外装修良好,设备比较齐全。

②砖混结构一等:部分钢筋混凝土,主要是砖墙承重的结构,外墙部分砌砖、水刷石、水泥抹面或涂料粉刷,并设有阳台,内外设备齐全的单元式住宅或非住宅房屋。

③砖混结构二等:部分钢筋混凝土,主要是砖墙承重的结构,外墙是清水墙,没有阳台,内部设备不全的非单元式住宅或其他房屋。

④砖木结构一等:材料上等、标准较高的砖木(石料)结构。这类房屋一般是外部有装修处理、内部设备完善的庭院式或花园洋房等高级房屋。

⑤砖木结构二等:结构正规,材料较好,一般外部没有装修处理,室内有专用上、下水等设备的普通砖木结构房屋。

⑥砖木结构三等:结构简单,材料较差,室内没有专用上、下水等设备,较低级的砖木结构房屋。

⑦简易结构:如简易楼、平房、木板房、砖坯房、土草房、竹木捆绑房等。

(3) 各种结构房屋的耐用年限。

①钢筋混凝土结构:生产用房50年,受腐蚀的生产用房35年,非生产用房60年。

②砖混结构一等:生产用房40年,受腐蚀的生产用房30年,非生产用房50年。

③砖混结构二等:生产用房40年,受腐蚀的生产用房30年,非生产用房50年。

④砖木结构一等：生产用房 30 年，受腐蚀的生产用房 20 年，非生产用房 40 年。
⑤砖木结构二等：生产用房 30 年，受腐蚀的生产用房 20 年，非生产用房 40 年。
⑥砖木结构三等：生产用房 30 年，受腐蚀的生产用房 20 年，非生产用房 40 年。
⑦简易结构 10 年。

(4) 残值率。

房屋残值是指房屋达到使用年限，不能继续使用，经拆除后的旧料价值；清理费用是指拆除房屋和搬运废弃物所发生的费用；残值减去清理费用，即为残余价值，其与房屋造价的比例为残值率。

各种结构房屋的残值率一般为：①钢筋混凝土结构 0；②砖混结构一等 2%；③砖混结构二等 2%；④砖木结构一等 6%；⑤砖木结构二等 4%；⑥砖木结构三等 3%；⑦简易结构 0。

【任务实施】

×××房地产开发公司为了资金周转，欲将一处在建工程项目进行抵押，现委托估价公司评估该在建工程的抵押价值，估价对象为 C 地块（L40-1/03）及 9 栋高层。C 地块面积 74300 米^2，总建筑面积 294754。估价时点 2015 年 4 月 1 日。

一、制定估价作业方案

（一）拟采用的估价技术路线和估价方法

房地产估价技术路线就是估价人员模拟房地产价格形成过程、揭示房地产价格内涵时的思路。而房地产估价方法本身也反映了人们对房地产价格形成过程的认识，可以说，每种房地产估价方法都体现了一种技术路线。

从理论上讲，在建工程评估可以采用收益法、假设开发法和成本法等。对于收益法评估在建工程有两种看法，一是形象进度在 85% 以上和竣工项目可以采用收益法评估。但由于在建工程的风险性高于一般评估项目，尤其运用收益法时，由于不确定因素，风险更大。另一种看法是在建工程不能采用收益法。因为，收益法适用于有收益或者潜在收益的房地产，但《中华人民共和国建筑法》第六十一条规定："建筑工程竣工经验收合格后，方可交付使用；未经验收或者验收不合格的，不得交付使用。"由此可见，根据合法性原则，已经完工，但尚未竣工验收交付使用或已竣工验收尚未办理房地产权证的建设项目认为无收益或潜在收益，因此不能采用收益法。

本次在建工程评估采用成本法，采用房地分估的技术路线，土地价值采用市场比较法，建筑物部分采用成本法。

成本法评估在建工程的公式为

在建工程价值＝土地取得成本＋开发成本＋管理费用＋销售费用＋投资利息＋销售税费＋开发利润

(二) 估价作业步骤和时间、人员、经费安排

表 4-1　　　　　　　　　估价作业步骤和时间、人员、经费安排

序号	作业步骤	完成时间	责任人	经费预算/元
1	现场查勘	4月1日	估价师××助理××	略
2	市场调查	4月1日	助理××	略
3	内业整理	4月2日	助理××	略
4	完成初评报告和初审	4月2日	助理××	略
5	二审	4月3日	估价师××	略
6	三审	4月3日	技术总监××	略
7	打印报告并送件	4月4日	文员××	略
8	存档	4月5日	文员××	略
9	收费	4月6日	业务员××	略

二、搜集估价所需资料

(一) 搜集相关法律法规政策信息

应搜集的相关法律法规信息在前文已有介绍，在建工程评估时需要参考的资料与其他类型房地产评估时需要参考的资料区别不大，这里不再赘述。

(二) 需要委托方提供的资料

需要委托方提供的资料有国有土地使用权证、建设用地规划许可证、建设工程规划许可证、建筑工程施工许可证，土地出让合同，出让金发票，委托方营业执照，开发资质证书，施工合同，工程进度款发票，完工进度说明，交楼标准，工程结算书及付款凭证，环保审批文件，消防审批文件，其他相关资料。

最主要的资料是四证：国有土地使用权证、建设用地规划许可证、建设工程规划许可证、建筑工程施工许可证。

(三) 估价机构搜集其他资料和信息

(1) 登录估价对象所在地各级政府网站、统计局网站查询估价对象所在地自然条件、社会经济条件、行政区划、人口等方面的基本情况资料。

（2）登录估价对象所在地规划局网站，了解估价对象所在区域或板块的控制性规划。

（3）登录估价对象所在地国土资源和房屋管理局（住房和城乡建设局）网站，收集该地区商住用地招拍挂信息及土地出让结果信息。

（4）登录估价对象所在地建设工程造价管理站查询公布的离估价时点最近的建筑工程造价信息。

（5）房地产所在地各级政府关于土地管理和地价管理的法律、法规、条例、文件、通知等，作为对前面搜集的法规政策、技术依据资料的补充。

（6）估价人员实地踏勘和调查收集有关估价对象权属、利用现状及建筑与装饰工程造价等方面的资料。

三、实地查勘估价对象

（一）准备工作

（1）在实地查勘前要与委托方取得联系，再次确认估价对象地址，确定查勘现场的具体时间和见面地址。并初步了解估价对象的大体情况，确定实地查勘重点。

（2）通过网络或其他渠道查询估价对象的地址和交通路线图，确定前往方式和路线。

（3）携带好记录表、签字笔、相机、必要的测量工具、实地查勘表等。

（二）实地查勘要点

1. 宗地查勘

要注意查勘宗地形状、四至界址，是否平整、绿化、硬化，或是否铺设了通水、通电、通信的地下管道，道路修建情况甚至有无围墙等。

2. 建筑查勘

（1）是否封顶。

（2）外墙装修。

（3）室内装修和建筑工程设施安装情况：地面、内墙和天花板的装修情况，是否通电、通信、通水、通燃气、通热力，是否安装消防设施和电梯。

（4）建筑栋数、建筑间距、建筑结构、跨度、总层数、层高等。

3. 周边环境查勘

四至道路特别是主干道（包括路牌）、公交站、周边标志性建筑、人（车）流、商铺、银行、医院、学校、工厂、居住区、景观等。

(三) 填写查勘表

表 4-2　　　　　　　　　　　　在建工程现场查勘表

<table>
<tr><td colspan="2">委托单位</td><td></td><td>评估目的</td><td colspan="2"></td></tr>
<tr><td colspan="2">在建工程名称</td><td></td><td>项目类型</td><td colspan="2"></td></tr>
<tr><td rowspan="11">在建工程状况</td><td>权属资料</td><td colspan="4">土地使用权证、土地出让合同、出让金发票、建设用地规划许可证、建设工程规划许可证、建筑工程施工许可证、商品房预售许可证、房地产权情况表、房地产权属证明书、房屋面积预算（测算）成果报告书、商品房买卖合同、其他</td></tr>
<tr><td>其他相关资料</td><td colspan="4">委托方营业执照、开发资质证书、施工合同、工程进度款发票、完工进度说明、交楼标准、工程结算书及付款凭证、租赁合同、环保审批文件、消防审批文件、其他</td></tr>
<tr><td rowspan="4">宗地情况</td><td>宗地面积</td><td></td><td colspan="2">通给水 通排水 通电 通信 通路 通燃气 通热力 场地平整</td></tr>
<tr><td>宗地用途</td><td></td><td colspan="2"></td></tr>
<tr><td rowspan="2">宗地四至</td><td>东</td><td colspan="2">南</td></tr>
<tr><td>西</td><td colspan="2">北</td></tr>
<tr><td rowspan="4">工程情况</td><td>建设规模</td><td></td><td colspan="2">建筑栋数</td></tr>
<tr><td>建筑结构</td><td></td><td colspan="2">建筑层数</td></tr>
<tr><td>层高</td><td></td><td colspan="2">规划用途</td></tr>
<tr><td>现场状况</td><td colspan="3"></td></tr>
<tr><td rowspan="3">交通</td><td>公交站</td><td>名称</td><td>车号</td><td>地铁站</td><td>名称　　距离　　米</td></tr>
<tr><td>客运站</td><td colspan="2">名称　　距离　　米</td><td>火车站</td><td>名称　　距离　　米</td></tr>
<tr><td>飞机场</td><td colspan="2">名称　　距离　　米</td><td>其他</td><td></td></tr>
<tr><td colspan="2">周边环境</td><td colspan="4"></td></tr>
<tr><td colspan="2">特殊事项说明</td><td colspan="4"></td></tr>
</table>

在查勘表背面绘制现场平面草图及记载市场案例调查情况

领勘人：	查勘人：
地址及联系方式：	查勘日期：

(四) 现场拍照

(1) 外观拍摄要点：尽量将整个在建工程情况都拍下来，包括周边环境。

(2) 室内拍摄要点：有工人在施工，最好将工人一起拍进来；留意拍摄门、过道、消防设施、楼梯和电梯井（口）等。

（3）外景拍摄要点：选择景观最佳的视角拍摄。

施工情况1

施工情况2

施工情况3

施工情况4

周边住宅

周边政府机关

施工现场入口

周边道路

周边商业1　　　　　　　　　　　周边商业2

图 4-2　表现照片

四、测算估价对象价值

估价对象为住宅开发项目的在建工程及其土地使用权。该项目已进行规划设计及报建，目前正在施工。具体指标见表 4-3 和表 4-4。

表 4-3　　　　　　　　　　　　估价对象基本指标

总占地面积/米²	74300	绿地率/%	≥30
总建筑面积/米²	294754	建筑密度/%	<35
计容积率建筑面积/米²	216874	不计容积率建筑面积/米²	77880
规划容积率	3	车位个数	2168

表 4-4　　　　　　　　　　估价对象物业类型及建筑进度

物业类型		建筑面积/米²	已完成建筑面积/米²	完成进度/%
高层	高层 26F+20F	200764	71070	35.4
商业	底商	12837	12837	100
其他	幼儿园、托老所	2288	0	0
	配套设施	985	0	0
	小计	3273	—	—
地上合计		216874	—	—
地下建筑	车库及设备用房	77880	77880	100
	地下合计	77880	—	—
	合计	294754	—	—

（一）市场比较法测算估价对象 C 地块土地价值

用市场比较法测算土地价值与用市场比较法测算期房价格和二手住宅价格思路相同，需要经过选取可比实例、进行交易情况修正、市场状况调整、土地使用年限调整、房地产状况调整、求取比准价值等步骤。特别的，测算土地价值需要进行土地使用年限修正。

1. 选取可比实例

估价人员在重庆市国土资源和房屋管理局网站以及招投标网搜集了与估价对象处于同一供需范围、类似土地用途的多宗土地交易实例，并选取其中三宗作为可比实例，基本情况见表 4-5。

表 4-5　可比实例基本情况

项目	估价对象	可比实例 A	可比实例 B	可比实例 C
地块编号	L39-6/03、L40-1/03、L40-2/03、L41/03	L39-1/03、L56-1/03	L11-1/03、L13/03、L11-2/03、L14-2/03	L35/03、L33/03、L30-1/03、L30-2/03、L31-1/03、L31-2/03、L27-2/03、L28-3/03
宗地位置	沙坪坝区西永组团 L 分区	沙坪坝区西永组团 L 分区	沙坪坝区西永组团 L 分区	沙坪坝区西永组团 L 分区
土地面积/米²	74300	112047	146394	234024
容积率	3	1.2	2.65	3.35
土地单价/(元·米⁻²)	待估	2401	5432	5380
楼面地价/(元·米⁻²)	待估	2001	2050	1606
成交日期	2015 年 4 月 1 日	2014 年 4 月 10 日	2015 年 2 月 4 日	2014 年 4 月 15 日
出让方式	拍卖	挂牌	拍卖	拍卖
规划用途	二类居住用地	二类居住用地	二类居住用地	二类居住用地
使用年限/年	70	70	70	70
土地开发程度	宗地外五通内一平	宗地外五通内一平	宗地外五通内一平	宗地外五通内一平

2. 交易情况修正

三个可比实例宗地为拍卖或挂牌出让，交易情况均为正常，所以交易情况修正系数均为 $K_1=1$。

3. 市场状况调整

根据中国地价水平动态监测网上的数据，重庆市 2010—2015 年 1 季度的地价水平如表 4-6 所示。

表 4-6 2010 年—2015 年 1 季度重庆地价水平情况

年度	2010 年	2011 年	2012 年	2013 年	2014 年	2015 年 1 季度	2015 年 2 季度
住宅地价 /(元·米$^{-2}$)	2898	3239	3264	3921	4030	4059	4083

可比实例 A 市场状况调整系数为

$$K_2 = \frac{4083}{4030} = 1.0132$$

可比实例 B 市场状况调整系数为

$$K_2 = \frac{4083}{4059} = 1.0059$$

可比实例 C 市场状况调整系数为

$$K_2 = \frac{4083}{4030} = 1.0132$$

4. 土地使用年限调整

（1）土地还原利率的确定。土地还原利率实质上是土地投资资本的收益率，这里采用安全利率加风险调整值法和投资风险与投资收益率综合排序插入法综合确定土地还原利率。

①采用安全利率加风险调整值法确定土地还原利率。安全利率是指无风险的资本投资收益率，这里选取中国人民银行 2015 年公布的一年定期存款年利率（3%）作为安全利率。综合分析重庆市社会经济发展和住宅用地土地市场状况，确定风险调整值为 4.5%~5.5%，由此求得土地还原利率为 7.5%~8.5%。

②利用投资风险与投资收益率综合排序插入法测算土地还原利率。投资收益率与投资风险密切相关，投资风险越大，收益率应越高。目前比较安全的方式有银行一年期定期存款、三年期定期存款，收益率分别为 3%、4.5%；一年期银行贷款年利率 6.06%；投资房地产开发的风险较高，利润率平均为 9%；投资股市则风险更大，其收益也可能更高。土地投资风险大于银行贷款而小于房地产开发，据此测得土地还原率为 6.5%~9%。

综合上述两种方法测算的结果，最终确定本次土地还原率为 7%。

（2）土地使用年限调整系数计算。估价对象土地使用权终止日期为 2080 年 6 月，截止估价时点剩余使用年限为 65 年，可比实例 A、B、C 的使用年限均为 70 年，则土地使用年限调整系数为

$$K_3 = \frac{1 - \dfrac{1}{(1+7\%)^{65}}}{1 - \dfrac{1}{(1+7\%)^{70}}} = 0.9964$$

5. 房地产状况调整

影响该类土地价格的因素,区域因素选取宗地位置、交通条件、商服配套和环境质量4个比较因素;个别因素选取容积率、出让方式、宗地形状和土地开发程度4个因素。见表4-7和表4-8。

(1) 宗地位置。根据宗地距离区域中心的距离分为优、较优、一般、较差、差5个等级,以估价对象为标准,分值设为100,可比实例与估价对象相比,每相差一个等级,分值修正1%。

(2) 交通条件。根据宗地距离区域中心的距离分为优、较优、一般、较差、差5个等级,以估价对象为标准,分值设为100,可比实例与估价对象相比,每相差一个等级,分值修正2%。

(3) 商服配套。根据宗地距离区域中心的距离分为优、较优、一般、较差、差5个等级,以估价对象为标准,分值设为100,可比实例与估价对象相比,每相差一个等级,分值修正2%。

(4) 环境质量。根据宗地距离区域中心的距离分为优、较优、一般、较差、差5个等级,以估价对象为标准,分值设为100,可比实例与估价对象相比,每相差一个等级,分值修正2%。

(5) 容积率。分为小、中等、较大3个等级,以估价对象为标准,分值设为100,可比实例与估价对象相比,每相差一个等级,分值修正1%。一般来说如果规划容积率较大,则规划设计可选空间较大,土地价格相应较高。

(6) 出让方式。分为拍卖、招标、挂牌、协议4种方式,且土地价格依次降低,以估价对象以估价对象为标准,分值设为100,可比实例与估价对象相比,每相差一个等级,分值修正1%。

(7) 宗地形状。分为规则、较规则、不规则3个等级,以估价对象以估价对象为标准,分值设为100,可比实例与估价对象相比,每相差一个等级,分值修正1%。

(8) 土地开发程度。包括宗地外五通,宗地内场地平整。以估价对象土地开发程度为标准,分值设为100,可比实例与估价对象相比,每相差一个项目,分值修正2%。

表4-7　　　　　　　　　　　　比较因素条件说明表

	比较因素	估价对象	可比实例A	可比实例B	可比实例C
区位因素	宗地位置	一般	一般	优	优
	交通条件	较优	一般	优	优
	商服配套	一般	较差	较优	优
	环境质量	优	较优	一般	一般

续表 4-7

比较因素		估价对象	可比实例 A	可比实例 B	可比实例 C
个别因素	容积率	中等	小	中等	大
	出让方式	拍卖	挂牌	拍卖	拍卖
	宗地形状	较规则	规则	规则	规则
	土地开发程度	宗地外五通内一平	宗地外五通内一平	宗地外五通内一平	宗地外五通内一平

表 4-8　　　　　　　　　　　　比较因素条件指数表

比较因素		估价对象	可比实例 A	可比实例 B	可比实例 C
区位因素	宗地位置	100	100	102	102
	交通条件	100	98	102	102
	商服配套	100	98	102	104
	环境质量	100	98	96	96
个别因素	容积率	100	99	100	101
	出让方式	100	99	100	100
	宗地形状	100	101	101	101
	土地开发程度	100	100	100	100
合计		100	93	103	106

6. 求取比准价值

将上述交易情况修正系数、市场状况调整系数、土地使用年限调整系数和房地产状况调整系数的计算结果汇总到表 4-9 中。

表 4-9　　　　　　　　　　　　调整系数汇总表

项目	可比实例 A	可比实例 B	可比实例 C
土地单价/(元·米$^{-2}$)	2401	5432	5380
楼面地价/(元·米$^{-2}$)	2001	2050	1606
容积率	1.2	2.65	3.35
交易情况修正系数 K_1	1	1	1
市场状况调整系数 K_2	1.0132	1.0059	1.0132
土地使用年限调整系数 K_3	0.9664	0.9664	0.9664
房地产状况调整系数 K_4	100/93	100/103	100/106

可比实例土地单价比准价值 $V=$ 可比实例土地单价×交易情况修正系数×市场状况调整系数×土地使用年限调整系数×房地产状况调整系数

可比实例 A 的土地单价比准价值 = 2401×1×1.0132×0.9664×100/93 = 2528（元/米²）

可比实例 B 的土地单价比准价值 = 5432×1×1.0059×0.9664×100/103 = 5127（元/米²）

可比实例 C 的土地单价比准价值 = 5380×1×1.0132×0.9664×100/106 = 4970（元/米²）

观察三个可比实例的土地单价，可比实例 A 的土地单价与可比实例 B、C 的差距较大。实际上，土地价值有土地单价和楼面地价两种表现形式。楼面地价是指单位建筑面积平均分摊的土地价格。楼面地价与土地单价的关系为：

$$楼面地价 = 土地总价 \div 规划建筑面积 = 土地单价 \div 容积率$$

不同开发项目之间由于容积率的影响，土地单价可比性不强，而楼面地价可比性较强。因此求取楼面地价的比准价值比较合理。

将可比实例 A、B、C 的土地单价比准价值换算成楼面地价比准价值：

可比实例 A 的土地单价比准价值 = 2528÷1.2 = 2107（元/米²）

可比实例 B 的土地单价比准价值 = 5127÷2.65 = 1935（元/米²）

可比实例 C 的土地单价比准价值 = 4970÷3.35 = 1483（元/米²）

采用算术平均值求取估价对象楼面地价，即

估价对象楼面地价 =（2107+1935+1483）/3 ≈ 1841.67（元/米²）

估价对象土地单价 = 1841.67×3 ≈ 5525（元/米²）

估价对象土地总价 = 5525×74300 = 41050.75（万元）

（二）成本法测算 C 地块建筑物重置价格

C 地块建筑物重置价格由开发成本、管理费用、销售费用、销售税费、投资利息和开发利润构成。

1. 开发成本

根据重庆市 2015 年第一季度建筑工程单方造价指标，以及类似案例指标确定该项目开发单价，如表 4-10 所示。开发成本为 19149.17 万元。

2. 管理费用

管理费用取开发成本的 3%，即

管理费用 = 19149.17×3% ≈ 574.48（万元）

3. 销售费用

在建工程的销售费用取售价的 1%。设估计对象在建工程的售价为 V，则

销售费用 = 0.01V

表 4-10　　　　　　　　　　　　　开发成本估算表

产品组合		建筑面积/米²	已完成建筑面积/米²	形象工程进度/%	单价/(元·米⁻²)	开发成本/万元
高层	高层 26F+20F	200764	71070	35.4	1200	8528.45
商业	底商	12837	12837	100	1600	2053.92
其他	幼儿园、托老所	2288	0	0	—	—
	配套设施	985	0	0	—	—
地下建筑	车库及设备用房	77880	77880	100	1100	8566.8
合计		294754	—	—	—	19149.17

4. 销售税费

销售税费取销售价格的 3.3%，即销售税费 $= 0.033V$

5. 投资利息

项目已开发 1 年，利率按银行一年期贷款利率 5.10% 计算，所有费用可视为在建设期内均匀投入，则

$$投资利息 = (19149.17+574.48+0.01V) \times [(1+5.10\%)^{0.5}-1]$$
$$= 496.64+0.00025V$$

6. 开发利润

根据调查，当地在建工程的转让利润为 0~5%，本次评估取 0。

设该在建工程建筑物重置价格为 V，则

$$V = 19149.17+574.48+(0.01+0.033)V+496.64+0.00025V$$
$$= 21134.35（万元）$$

（三）计算估价对象在建工程价值

$$估价对象价值 = 土地价值+建筑物重置价格$$
$$= 41050.75+21134.35$$
$$= 62185.10（万元）$$

【练习题】

1. 某成片荒地面积为 1 千米²，进行"七通一平"的开发后分块有偿转让，开发成本及管理费用、销售费用等为 3 亿元，年贷款利率为 7.2%，开发经营期为 1 年。上述费用均匀投入，可转让土地面积比率为 65%，请计算该地块可转让土地的应计成本。

2. 某写字楼的土地取得成本8000万元，建设成本6000万元，管理费用800万元，销售费用600万元，投资利息720万元，销售税费为售价的6%，销售利润率为16%。请计算该写字楼的价值。

3. 某宗土地面积为2000米^2，征地费600元/米^2，土地使用权出让金150元/米^2，达到宗地状况的土地开发费用800元/米^2，管理费用100元/米^2，贷款利率8%，开发周期为2年，销售费用率、销售税费率和开发成本利润率分别为6%、10%和15%，土地取得费在项目期初一次支付，土地款开发费在开发期间内均匀支付，则该宗地的积算价格为多少元？

4. 某建筑物，总建筑面积为200米^2，于8年前建成，重置价格为1000元/米^2，耐用年限40年，残值率为0，试用双倍余额递减折旧法计算该建筑物第5年的折旧额、折旧总额及建筑物现值。

5. 一厂房建成后8年被改造为超级市场，并补办了土地使用权出让手续，土地使用权出让年限为40年，建筑物的设计寿命为50年，则计算该建筑物折旧的耐用年限应为多少年？

6. 某建筑物设计寿命50年，已使用8年，经实地勘察，估计尚可使用32年，残值率为5%，试用直线折旧法计算的该建筑物的成新率。

7. 有一房地产，土地总面积1000米^2，为10年前通过征用农地取得，当时花费240元/米^2，现时重新取得该类土地需要600元/米^2；地上建筑物总建筑面积2000米^2，于8年前建成交付使用，当时建筑造价500元/米^2，现时建造同类建筑物需1000元，估计该建筑物尚可使用32年，残值率为5%。试选用所给资料估计该房地产的现时总价和单价。

8. 某建筑物建筑面积4000米^2，经济寿命40年，单位建筑面积的重置价格为2500元/米^2，有效经过年数为15年，残值率为5%，请计算该建筑物的现值。

项目五　土地评估

【学习目标】

知识目标

(1) 熟悉假设开发法的基本原理。
(2) 掌握假设开发法中各项的求取。
(3) 了解基准地价修正法的基本原理。
(4) 掌握基准地价修正法中各项的求取。

技能目标

(1) 能运用假设开发法评估土地价值。
(2) 能运用基准地价修正法评估土地价值。

【项目概述】

根据年度土地出让计划，重庆市国土资源与房屋管理局准备出让西永组团U标准分区地块编号为U7-3-1/02、U7-3-3/02、U7-3-4/02的三块土地，出让方式为招标，土地信息如表5-1所示。

新鸥鹏集团对这三块地有意向，委托你公司评估这三块地的价格作为投标参考价。估价时点：2015年4月1日。

表5-1　　　　　　　　　　　　估价对象状况表

宗地名称	权属性质	土地面积/米^2	规划用途	出让年限/年	容积率	开发程度
重庆市沙坪坝区西永组团U标准分区U7-3-1/02、U7-3-3/02、U7-3-4/02号地块	出让	200000	二类居住用地	50	≤1.85	宗地外五通，宗地内五通一平

土地评估可以采用市场比较法、收益法、假设开发法、基准地价修正法、成本法等，这几种估价方法的含义和适用范围如表5-2所示。

根据《城镇土地估价规程》，一般通行的估价方法有收益法、市场比较法、成本法、假设开发法、基准地价修正法等。估价方法的选择应按照土地估价的技术规程，根据当地地产市场发育状况并结合估价对象的具体特点及估价目的等选择适当的估价方法。

本次估价对象用地为居住用地，根据《城镇土地估价规程》宜采用市场比较法、剩余法、收益还原法和基准地价修正法进行估价。

根据本次估价的价格类型及估价对象所处的区位条件、基础设施状况、个别条件及土地用途，按照国家有关地价估价的技术规范要求，经分析比较决定采用假设开发法和基准地价修正法分别进行估价。最后经综合分析后确定估价结果。

本项目介绍假设开发法和基准地价修正法。

表 5-2　　　　　　　　　　　　土地估价方法比较

估价方法名称	含　义	适用范围
市场比较法	根据替代原则，将待估土地与在近期内成交的类似土地实例进行比较，参照交易情况、市场状况、房地产状况等因素的差异，修正成交价格，得出待估土地在估价时点价值的一种估价方法	土地市场比较活跃，近期统一供需范围内的同类型土地成交较多
收益法	在估算土地未来每年净收益的基础上，以一定的还原率，将待估土地未来的年净收益折现为估价时点收益总和的一种估价方法	估价对象周边区域存在同类型土地用于出租获得收益的情况，或者容易从已建成的房地产项目的租金收入中剥离房屋收益而得到土地净收益
假设开发法	用估价对象预期开发完成后的价值扣除预计的正常房地产开发成本、费用、利息、利润、税费，以价格余额估算待估土地价格的一种方法	估价对象为具有投资开发潜力的商业、住宅等用地，且开发完成后的房地产市场价值可预测
成本法	以开发土地取得费、土地开发所耗费的各项费用之和，加上一定的利润、利息、应缴纳的税金和土地增值收益作为确定土地价格的一种估价方法	一般适用于新开发土地，尤其是适用于土地市场不发达、交易实例少、无法利用市场比较法等方法进行估价的情况。同时也适用于公用、公益性和特殊土地估价
基准地价修正法	基准地价修正法是在政府确定并公布了基准地价的地区，利用基准地价修正系数表等评估成果，将估价对象宗地所处土地级别或区段的基准地价调整为估价对象宗地价格的方法	适用于具备基准地价成果图和宗地价格修正系数体系成果的地区，可在短期内评估多宗土地或大量土地价格

任务一 假设开发法评估地价

【学习目标】

知识目标

(1) 熟悉假设开发法的含义。
(2) 熟悉假设开发法的理论依据。
(3) 掌握假设开发法适用的估价对象。
(4) 掌握假设开发法估价需要具备的条件。
(5) 熟悉假设开发法估价的操作步骤。
(6) 掌握假设开发法的基本公式。
(7) 熟悉现金流量折现法和传统方法的定义。
(8) 掌握现金流量折现法与传统方法的区别。
(9) 熟悉现金流量折现法和传统方法的优缺点。
(10) 掌握假设开发法测算中各项的求取。

技能目标

(1) 能制定估价作业方案。
(2) 能列出估价所需资料。
(3) 能完成估价对象的实地查勘。
(4) 能运用假设开发法测算出估价对象的价值。

【任务描述】

如前所述,假设开发法适用于估价对象具有投资开发潜力的商业、住宅等用地,且开发完成后的房地产价值可预测。这种方法在房地产项目拿地阶段非常有用。

假设开发法是预计估价对象开发完成后的价值,扣除预计的后续正常开发成本、税费和利润等,以此估算估价对象的客观、合理价格或价值的方法,其本质是以房地产预期开发后的价值为导向求取估价对象的价值。

用假设开发法评估土地价值的步骤如图 5-1 所示。

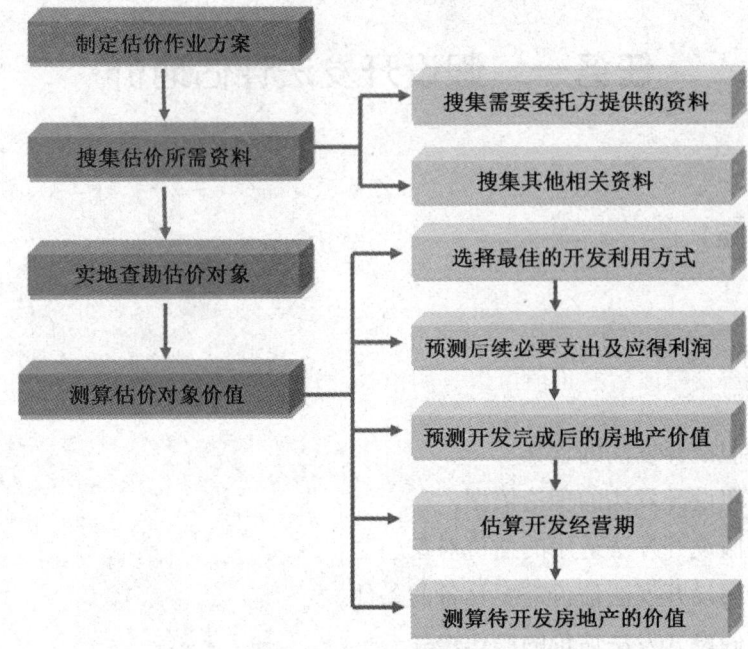

图 5-1　用假设开发法评估土地价值的步骤

【知识平台】

一、假设开发法概述

（一）假设开发法的概念

假设开发法又称剩余法、预期开发法、净余开发法、余值估价法、余值法或倒算法，是专门用于评估土地价格的一种方法，是从待估价土地上所建造的房屋等预期销售收入减去除土地价格之外的有关开发建设成本、税费及正常利润后，将此余额作为待估价土地价格的一种方法。

（二）假设开发法的理论依据

假设开发法的理论依据是预期原理。假如某房地产开发商，面对一块可供开发的土地，他将愿意出多高的价格来购买？买这块地不是为了自己占有，而是要通过它进行开发并获取利润，当然，市场上有很多人有同样的动机。面对竞争，这个开发商既不能企求在此地块上获得超出寻常的利润，这将会导致在竞争中得不到这块土地；同时，开发商期望从这块土地上得到的利润也不会低于社会平均利润，否则，他宁可把这些资金投向其他项目。在这种情况下，开发商就必须仔细分析该地块的内外部条件，如区位、交通、基础设施情况、公共设施情况、面积、用途、容积率等条件，然后根据目前房地产市场状况，预测开发完成后的价格，以及开发过程中所需的成本费用等，开发商就可以算出他愿意为这块土地支付的最高代价是多少。很明显，这个最高价等于开发完成后的房地产价格减去开发成本费用及利润后的余额。

假设开发法在形式上是用成本法评估新开发的房地产价值的倒算。

（三）假设开发法的适用范围和条件

1. 假设开发法的适用范围

假设开发法适用于具有投资开发或再开发潜力的房地产的估价。凡是具有开发或再开发潜力，且开发完成后的价值可以采用市场比较法、收益法等方法求取的房地产，都适合用假设开发法。主要适合以下四种情况：

①待开发土地（包括生地、毛地、熟地）的估价；

②在建工程（包括房地产开发项目）的估价；

③再开发待拆迁的房地产的估价；

④具有装修改造潜力的旧房地产（包括装修、改建、扩建，如果是重建就属于毛地的范畴）的估价。

2. 假设开发法应用的前提条件

（1）是否根据房地产估价的合法原则和最高最佳使用原则，正确地判断了房地产的最佳开发利用方式（包括用途、规模、档次等）。

合法原则是指估价人员在进行房地产估价时必须在符合国家和地方政府职能部门所制定的法律法规的前提条件下进行。

依法判定的使用权利，应以土地用途管制、规划条件等使用管制为依据。如果城市规划规定了某宗土地的用途、容积率、建筑高度、建筑密度、绿地率等，则对该土地进行估价就应以其使用符合这些规定为前提。

具体地说，如果城市规划规定了该土地用途为居住用途，即使从该土地的位置和周围环境来看，该土地适合商业用途，但也应以居住用途为前提来估价，除非申请变更为商业用途并获得批准。

如果城市规划规定了该土地的容积率不超过 2.5，除非依法提高了容积率，否则应以容积率不超过 2.5 为前提来估价。如果以商业用途或容积率超过 2.5 来估价，由于商业用途或超出的容积率不仅没有法律保障，而且是违法的，据此评估出的较高价值不能实现，也就不会得到认可。

最高最佳利用原则，也称为有效使用原则，要求房地产估价结果是估价对象最高最佳利用下的价值。

最高最佳利用是指法律上许可、技术上可能、经济上可行，经过充分合理的论证，使估价对象的价值最大的一种利用。最高最佳利用包括最佳的用途、最佳的规模、最佳的集约度和最佳的档次。

（2）是否根据当地房地产市场行情或供求状况，正确地预测了未来开发完成后的房地产价格。

二、假设开发法的计算公式

（一）基本公式

待开发房地产的价值＝开发完成后的房地产价值－开发成本－管理费用－投资利息－销售费用－销售税费－开发利润－购买待开发房地产应负担的税费

（二）按估价对象的状况具体细化公式

估价对象的状况有生地、毛地、熟地、在建工程、旧房地产等。

生地是指不具有城市基础设施的土地，如农地、荒地。毛地是指具有一定的城市基础设施，有地上物（如房屋、围墙、电线杆、树木等）需要拆除或迁移但尚未拆除或迁移的土地。熟地是指具有较完善的城市基础设施且场地平整，可以直接在其上进行房屋建设的土地。

（1）求生地价值的公式。

①适用于在生地上进行房屋建设的公式。

生地价值＝开发完成后的房地产价值－由生地建成房屋的开发成本－管理费用－
　　　　　投资利息－销售费用－销售税费－开发利润－买方购买生地应负担的税费

②适用于将生地开发成熟地的公式。

生地价值＝开发完成后的熟地价值－由生地开发成熟地的开发成本－管理费用－
　　　　　投资利息－销售费用－销售税费－土地开发利润－买方购买生地应负担的税费

（2）求毛地价值的公式。

①适用于在毛地上进行房屋建设的公式。

毛地价值＝开发完成后的房地产价值－由毛地建成房屋的开发成本－管理费用－
　　　　　投资利息－销售费用－销售税费－开发利润－买方购买毛地应负担的税费

②适用于将毛地开发成熟地的公式。

毛地价值＝开发完成后的熟地价值－由毛地开发成熟地的开发成本－管理费用－
　　　　　投资利息－销售费用－销售税费－土地开发利润－买方购买毛地应负担的税费

（3）求熟地价值的公式。

熟地价值＝开发完成后的房地产价值－由熟地建成房屋的开发成本－管理费用－
　　　　　投资利息－销售费用－销售税费－开发利润－买方购买熟地应负担的税费

(4) 求在建工程价值的公式。

在建工程价值=续建完成后的房地产价值-续建成本-管理费用-投资利息-
　　　　　　销售费用-销售税费-续建投资利润-买方购买在建工程应负担的税费

(5) 求旧房价值的公式。

旧房价值=装修改造完成后的房地产价值-装修改造成本-管理费用-投资利息-
　　　　　销售费用-销售税费-装修改造投资利润-买方购买旧房应负担的税费

(三) 按开发完成后的经营方式具体细化公式

(1) 适用于开发完成后出售的公式。

$$V = V_p - C$$

式中，V——待开发房地产的价值；

V_p——用市场比较法或长期趋势法测算的开发完成后的房地产价值；

C——应扣除的项目。

(2) 适用于开发完成后出租、营业的公式。

$$V = V_r - C$$

式中，V——待开发房地产的价值；

V_r——用收益测算的开发完成后的房地产价值；

C——应扣除的项目。

三、现金流量折现法和传统方法

(一) 现金流量法和传统方法的基本公式

运用假设开发法估价必须考虑资金的时间价值。但考虑资金的时间价值有以下两种方式：一是采取折现的方式，这种方式下的假设开发法称为现金流量折现法；二是采取计算投资利息的方式，这种方式下的假设开发法称为传统方法。

现金流量法的公式为

待开发房地产的价值=开发完成后的房地产价值-开发成本-管理费用-
　　　　　　　　　销售费用-销售税费-购买待开发房地产应负担的税费

传统方法的公式为

待开发房地产的价值=开发完成后的房地产价值-开发成本-管理费用-投资利息-
　　　　　　　　　销售费用-销售税费-开发利润-购买待开发房地产应负担的税费

(二) 现金流量折现法和传统方法的区别

(1) 对开发完成后的房地产价值、开发成本、管理费用、销售费用、销售税费等的测算，在传统方法中主要是根据估价时的房地产市场状况做出的，即它们基本上是静止在估价作业期时的数额；而在现金流量折现法中，是模拟开发过程，预测他们在未来发生时所发生的数额，即要进行现金流量预测。

（2）传统方法不考虑各项支出、收入发生的时间不同，即不是将它们折算到同一时间上的价值，而是直接相加减，但要计算利息，计息期通常到开发完成时止，既不考虑预售，也不考虑延迟销售；而现金流量折现法要考虑各项支出、收入发生的时间不同，即首先要将它们折算到同一时间点上的价值最终是折算到估价时点上，然后再相加减。

（3）在传统方法中投资利息和开发利润都单独显现出来，在现金流量折现法中这两项都不单独显现出来，而是隐含在折现过程中。所以，现金流量折现法要求折现率既包含安全收益部分（通常的利率），又包含风险收益部分（利润率），这样处理是为了与投资项目评估中的现金流量分析的口径一致，便于比较。

（三）现金流量折现法和传统方法的优缺点

从理论上讲，现金流量折现法测算出的结果比较精确，但测算过程较为复杂；传统方法测算出的结果比较粗略，但测算过程相对简单一些。

四、假设开发法测算中各项的求取

（一）开发经营期

确定开发经营期的目的，是为了测算开发完成后的房地产价值、开发成本、管理费用、销售费用、销售税费等发生的时间及金额，便于进行折现或者计算投资利息。

开发经营期是指从取得土地使用权到房地产全部销售或出租完毕这一时期。开发经营期的起点是（假设）取得估价对象（待开发房地产）的日期（即估价时点），终点是开发完成后的房地产经营结束的日期。开发经营期可分为建设期和经营期。

建设期的起点与开发经营期的起点相同，终点是开发完成后的房地产竣工之日。建设期可分为前期和建造期。

所以经营期可具体化为销售期（针对销售这种情况）和运营期（针对出租和营业两种情况），销售期是自开始销售开发完成后的房地产之日起至将其售出之日止的时间。在有预售的情况下，销售期与建设期有重叠。运营期的起点是开发完成后的房地产竣工之日，终点是开发完成后的房地产经济寿命结束之日。在有延迟销售的情况下，销售期与运营期有重合。

（二）开发完成后的价值

预测开发完成后的价值，要弄清以下三个问题：①要弄清该价值是在哪种开发完成后的房地产状况下的价值；②要弄清该价值是在哪个时间上的价值；③要弄清预测该价

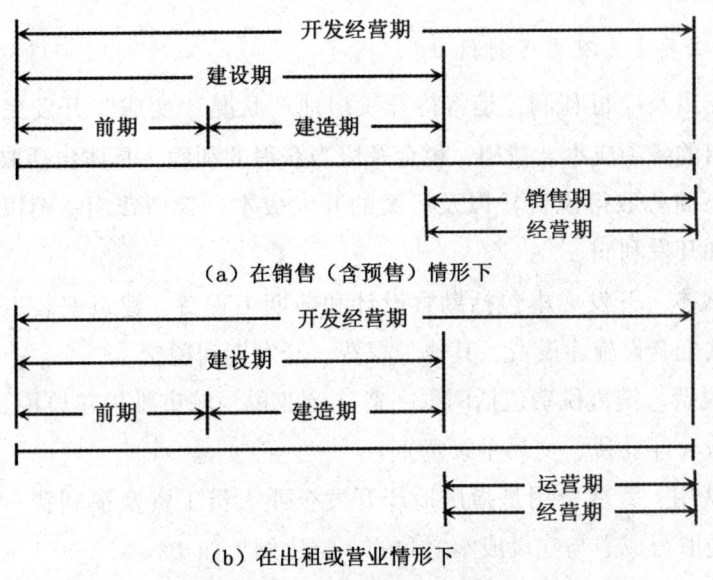

(a) 在销售（含预售）情形下

(b) 在出租或营业情形下

图 5-2 开发经营期示意图

值的方法有哪些。

（1）开发完成后的价值对应的房地产状况：在预测开发完成后的价值之前，需要弄清开发完成后的房地产状况，然后再预测该状况的房地产价值。以估价对象为商品房在建工程为例，如果预计开发完成后的商品房为毛坯房的，则预测的应是毛坯房的价值；如果预计开发完成后的商品房为粗装修房的，则预测的应是粗装修房的价值；如果预计开发完成后的商品房为精装修房的，则预测的应是精装修房的价值。

（2）开发完成后的价值对应的时间：开发完成后的价值所对应的时间，不一定是开发完成之时，可能是开发完成之前的某个时间，也可能是开发完成之后的某个时间。对于开发完成后的房地产适宜销售的，通常是预测它在开发完成之时的房地产市场状况下的价值；但当房地产市场较好而适宜预售的，则是预测它在预售时的房地产市场状况下的价值；当房地产市场不好而需要延迟销售的，则是预测它在延迟销售时的房地产市场状况下的价值。

（3）开发完成后的价值的预测方法：在预测开发完成后的价值时，一般不宜将估价作业时的类似房地产的市场价格直接"平移"过来作为开发完成后的价值，通常是采用市场比较法并考虑类似房地产市场价格的未来变动趋势，或者采用市场比较法与长期趋势法相结合（长期趋势法的内容详见本书项目一中任务二的介绍），即根据类似房地产过去和现在的市场价格及其未来可能的变化趋势来推测。比较的单位一般为单价而不是总价。对于出租或营业的房地产，如写字楼、商店、旅馆、餐馆等，预测其开发完成后的价值，可以先预测其租赁或经营收益，再采用收益法将该收益转换为价值。在这种情况下，收益法就不是一种独立的估价方法，而被包含在假设开发法之中，成了假设开发法的一个部分。

(三) 后续必要支出及应得利润

后续必要支出及应得利润,是将待开发房地产状况"变成"开发完成后的房地产状况所必须付出的各项成本、费用、税金及应当获得的利润,具体包括取得待开发房地产的税费(以下简称取得税费)以及后续的开发成本、管理费用、销售费用、投资利息、销售税费和开发利润。

(1) 开发成本。开发成本包括勘察设计和前期工程费、建筑安装工程费、基础设施建设费、公共配套设施建设费、其他工程费、开发期间税费。

(2) 销售税费。销售税费包括两税一费(营业税、城市维护建设税及教育费附加)和其他销售税费(印花税、交易手续费)。

(3) 管理费用。管理费用是指房地产开发企业人员工资及福利费、办公费、差旅费等,一般土地取得成本与建设成本之和的一定比例,如4%。

(4) 销售费用。销售费用包括广告费、销售资料制作费、售楼处建设费、样板房建设费、销售代理费等。销售费用通常按开发完成后房地产价值的一定比例测算,如3%。

(5) 投资利息。无论是借贷资金还是自有资金都应计算利息。

应计息项目包括待开发房地产价值及其取得税费、后续建设成本、管理费用和销售费用。销售税费一般不计利息。

计息期的起点是该费用发生的时点,终点通常是建设期的终点。

待开发房地产价值及其取得税费假设在估价时点一次性付清,后续建设成本、管理费用、销售费用通常不是集中在一个时点发生,而是分散在一段时间内不断发生,但计息期通常将其假设为在所发生时间段内均匀发生,并具体视为集中发生在该时间段的期中。

(6) 开发利润。开发利润是指房地产开发商(业主)的利润。

利润率包括:直接成本利润率、投资利润率、成本利润率、销售利润率。估算开发利润应掌握下列几点:①开发利润是土地增值税、企业所得税前的,简称税前利润,即开发利润=开发完成后的房地产价值-土地取得成本-开发成本-管理费用-投资利息-销售费用-销售税费。②开发利润是在正常条件下开发商所能获得的平均利润,而不是个别开发商最终获得的实际利润,也不是个别开发商所期望获得的利润。③开发利润是按一定基数乘以同一市场上类似房地产开发项目所要求的相应平均利润率来计算。开发利润的计算基数和相应的利润率有下列几种方式。

$$直接成本利润=\frac{开发利润}{土地取得成本+建设成本}$$

$$投资利润率 = \frac{开发利润}{土地取得成本+建设成本+管理费用+销售费用}$$

$$成本利润率 = \frac{开发利润}{土地取得成本+建设成本+管理费用+销售费用+投资利息}$$

$$销售利润率 = \frac{开发利润}{土地取\atop 得成本+ 建设\atop 成本 + 管理\atop 费用 + 销售\atop 费用 + 投资\atop 利息 + 销售\atop 税费 + 开发\atop 利润}$$

$$= \frac{开发利润}{开发完成后的房地产价值}$$

（四）折现率

折现率是在采用现金流量折现法时需要确定的一个重要参数，与报酬资本化法中的报酬率的性质和求取方法相同，具体应等同于同一市场上类似房地产开发项目所要求的平均报酬率，它体现了资金的利率和开发利润率两部分。

五、假设开发法例题

例5-1 成片荒地的面积为 2 千米^2，适宜进行五通一平的土地开发后分块有偿转让；可转让土地面积的比率为 60%；附近地区与之位置相当的小块五通一平熟地的单价为 800 元/米^2；建设期为 3 年；将该成片荒地开发成五通一平熟地的开发成本以及管理费用、销售费用为 2.5 亿元/千米^2；贷款年利率为 10%；投资利润率为 15%；当地土地转让中卖方需要缴纳的营业税等税费为转让价格的 6%，买方需要缴纳的契税等税费为转让价格的 4%。请采用假设开发法中的传统方法测算该成片荒地的总价和单价。

解：(1) 待开发土地基本状况。

估价对象状况：生地，预开发为熟地。

估价目的：土地使用权出让。

估价时点：荒地出让之日，假设为现在。

估价方法：假设开发法（传统方法）。

(2) 最佳的开发利用方式：熟地。

(3) 开发经营期：3 年。

(4) 预测开发完成后熟地的价值。

设该成片荒地的总价为 V，则

V=开发完成后熟地的价值−开发成本−管理费用−销售费用−销售税费−
　　开发商利润−投资利息−开发商购置土地应负担的税费

该成片荒地开发完成后的总价值 = 800×2000000×60% = 9.6（亿元）

(5) 预测扣除项目。

购买该成片荒地的税费总额 = $V \times 4\% = 0.04V$（亿元）

开发成本+管理费用+销售费用 = $2.5 \times 2 = 5$（亿元）

投资利息总额 = $(V+V\times 4\%) \times [(1+10\%)^3 - 1] + 5 \times [(1+10\%)^{1.5} - 1]$
$= 0.344V + 0.768$（亿元）

转让税费总额 = $9.6 \times 6\% = 0.576$（亿元）

开发利润总额 = $(V + 0.04V + 5) \times 15\% = 0.156V + 0.75$（亿元）

(6) 测算待开发房地产价值。

$V = 9.6 - 5 - (0.344V + 0.768) - 0.576 - (0.156V + 0.75) - 0.04V$

$V = 2.506 \div 1.54 = 1.63$（亿元）

故荒地总价 = 1.63（亿元）

荒地单价 = 81.5（元/米^2）

这个例题比较简单，在确定最佳开发利用方式时，可以这样说明：最佳开发利用方式是指估价对象在城市规划许可的范围内，在用途、容积率、档次等方面达到最佳。我们当然可以查阅该荒地所在城市规划的内容，并经过市场供求分析，判断开发成住宅、商铺、写字楼或者其他用途的房地产项目，然后预测开发完成后的房地产的价值，减去这片荒地开发为熟地的成本、减去熟地开发为房地产项目的成本、减去管理费用等其他税费，但我们已经知道相似熟地的价格，不必避简就繁。另外，估价对象是成片荒地，开发为熟地后要分割转让，转让后每块熟地的最佳开发利用方式有可能不同。

难点：(1) 投资利息计算时，应计息项目有：待开发房地产价值、购买待开发房地产应负担的税费、开发成本、管理费用和销售费用。需要指出，销售税费一般不计利息。

(2) 计息期确定，应计息项目中，待开发房地产的价值和购买待开发房地产应负担的税费两项是假设在估价时点一次性付清，因此计息起点是估价时点；开发成本和管理费用通常不是集中在一个时点上发生，而是在开发或者建造期间不断发生，计息时通常假设在所发生的时间段内均匀发生，并具体视为集中发生在该时间段的期中。因此本例中 $(1+10\%)^3$ 和 $(1+10\%)^{1.5}$ 是这样来的。

(3) 开发利润总额计算。

投资利润率计算基数 = 土地取得成本+开发建设成本+管理费用+销售费用

例 5-2 金科集团拟购入西永一宗已完成五通一平的地块，土地面积 200 亩，规划允许建筑面积为 40 万米^2。经过分析，最佳用途为住宅，预计开发建设时间 4 年。单位建筑面积的建筑安装成本为 1050 元/米^2，勘察设计等前期费用预计为建筑安装成本的 15%，管理费用预计为建筑安装成本的 6%。在住宅建设完成前一年需要投入广告宣传等销售费用，预计销售费用为销售收入的 2%，销售税费为销售收入的 5%。经过市场比较法测算，同类住宅的市场价格为 6000 元/米^2。开发商购买这块土地应承担的税费为购买价格的 3%。开发商的直接成本利润率为 30%，年利息率 10%。请你用假设开发法传统方法求金科集团能够承受的土地总价、单价和楼面地价。

解：（1）待开发土地基本状况。

估价对象状况：熟地，预开发为住宅。

估价目的：委托方拟通过出让方式购入土地使用权。

估价时点：购买土地之日，假设为现在。

估计方法：假设开发法（传统方法）。

（2）最佳的开发利用方式：住宅，建筑面积 40 万米^2。

（3）开发经营期：建设期 4 年，销售期 1 年。

（4）预测开发完成后房地产的价值。

设该土地的总价为 V，则

V = 开发完成后房地产的价值 – 开发成本 – 管理费用 – 销售费用 – 销售税费 – 开发商利润 – 投资利息 – 开发商购置土地应负担的税费

开发完成后房地产的价值 = 0.6×40 = 24.000（亿元）

（5）预测扣除项目。

①开发商购置土地应负担的税费 = 0.030V（亿元）

建筑安装成本 = 1050×40 = 4.200（亿元）

前期费用 = 4.200×15% = 0.630（亿元）

②开发成本 = 建筑安装成本 + 前期费用 = 4.200 + 0.630 = 4.830（亿元）

③管理费用 = 建筑安装成本×6% = 4.200×6% = 0.252（亿元）

④销售费用 = 24.000×2% = 0.480（亿元）

⑤销售税费 = 24.000×5% = 1.200（亿元）

⑥开发利润 =（土地取得成本 + 开发成本）×30%

$\quad\quad\quad$ = [(V+0.03V) + 4.830]×30%

$\quad\quad\quad$ = 0.309V + 1.449（亿元）

⑦投资利息 = (V+0.03V)×[(1+10%)^4-1] + (4.830+0.252)×[(1+10%)^2-1] + 0.480×[(1+10%)$^{0.5}$-1]

$\quad\quad\quad$ = 1.03V×0.464 + 5.082×0.21 + 0.480×0.049

$\quad\quad\quad$ = 0.478V + 1.067 + 0.024 = 0.478V + 1.091（亿元）

（6）测算待开发房地产价值。

总地价 V = 24.000 – 0.030V – 4.830 – 0.252 – 0.480 – 1.200 – (0.309V+1.449) – (0.478V+1.091)

故总价 V = 8.089（亿元）

土地单价 = $8.089 \times 10^8 \div (200 \times 667)$ = 6063.718（元/米²）

楼面地价 = $8.089 \times 10^8 \div 40 \times 10^4$ = 2022.25（元/米²）

例5-3 龙湖地产要将一宗"七通一平"的熟地做抵押贷款，土地面积为5000米²，容积率为2，适宜建造一幢乙级写字楼。预计取得土地后将该写字楼建成需要2年，建筑安装工程费为1500元/米²（建筑面积），勘察设计和前期工程费及其他工程费为建筑安装工程费的8%，管理费用为建筑安装工程费的6%。勘察设计和前期工程费及其他工程费、管理费用第一年需要投入60%，第二年需要投入40%。在该写字楼建成前半年需要开始投入广告宣传等销售费用，该费用预计为售价的2%。当地房地产交易中卖方应缴纳的营业税等税费和买方应缴纳的契税等税费，分别为正常市场价格的6%和3%。预计该写字楼在建成时可全部售出，售出时的平均价格为3500元/米²（建筑面积）。请利用所给资料采用假设开发法中的现金流量折现法测算该土地的总价、单价及楼面地价（折现率为12%）。

解：（1）待开发土地基本状况。

估价对象状况：熟地。

估价目的：用土地使用权抵押贷款。

估价时点：购买土地之日，假设为现在。

估价方法：假设开发法（现金流量折现法）。

（2）最佳的开发利用方式：乙级写字楼，建筑面积1万米²。

（3）开发经营期：建设期2年，销售期半年。

（4）预测开发完成后房地产的价值。

设该土地的总价为V，则

V = 开发完成后房地产的价值 − 开发成本 − 管理费用 − 销售费用 − 销售税费 − 开发商购置土地应负担的税费

开发完成后房地产的价值 = $\dfrac{0.35 \times 10000}{(1+12\%)^2}$ = 2790.18(万元)

（5）预测扣除项目。

①开发商购置土地应负担的税费 = $V \times 3\%$ = 0.03V(万元)

②开发成本 = 建筑安装成本 + 勘察设计和前期工程费 + 其他工程费 + 管理费用

$$= 0.15 \times 10000 \times (1+8\%+6\%) \times \left[\dfrac{60\%}{(1+12\%)^{0.5}} + \dfrac{40\%}{(1+12\%)^{1.5}}\right]$$

= 1546.55(万元)

③销售费用 = $\dfrac{0.35 \times 10000 \times 2\%}{(1+12\%)^{1.75}}$ = 57.41(万元)

④销售税费 = $\dfrac{0.35 \times 10000}{(1+12\%)^2} \times 6\%$ = 2790.18 × 6% = 167.41(万元)

(6) 测算待开发房地产价值。

$V = 2790.18 - 0.03V - 1546.55 - 57.41 - 167.41$

$= \dfrac{2790.18 - 1546.55 - 57.41 - 167.41}{1 + 0.03}$

$= 989.14(万元)$

故土地总价 = 989.14（万元）

土地单价 = $\dfrac{9891400}{5000}$ = 1978.28（元/米²）

楼面地价 = $\dfrac{9891400}{10000}$ = $\dfrac{1978.28}{2}$ = 989.14（元/米²）

本例与传统方法例题类似，不同的是：①要求用现金流量折现法；②开发成本和管理费用每年按一定比例投入，而不是在整个建设期内均匀投入。

本例难点：①建筑安装工程费、勘察设计和前期工程费及其他工程费、管理费用的折现年数 0.5 和 1.5 的计算；②销售费用折现年数 1.75 的计算；③销售税费假设在销售时一次性付清，因此折现年数为 2，与销售费用不同。

例 5-4 估价对象概况：本估价对象是一块"五通一平"的房地产开发用地，建设用地面积为 10000 米²，土地用途为商业和居住，容积率为不高于 5.0，建筑密度为不高于 35%，商业和居住的土地使用期限自建设用地使用权出让之日起计算分别为 40 年和 70 年。

估价需要：评估该块土地 2011 年 7 月 1 日的正常市场价格，为出让人招标出让该块土地确定招标底价提供参考依据。

估价过程：

(1) 选用估价方法。该块土地属于待开发房地产，适用假设开发法估价，因此选用假设开发法，具体是采用假设开发法中的现金流量折现法，估价前提为"自愿转让"。

(2) 选取最佳的开发利用方式。通过市场调研，得知该块土地的最佳开发利用方式如下。①用途为商业与居住混合。②容积率达到最高，即为 5.0，因此总建筑面积为 10000×5 = 50000 米²。③建筑密度适宜为 30%。④建筑物层数确定为 18 层。其中，1~2 层的建筑面积相同，均为 3000 米²，适宜为商业用途。3~18 层的建筑面积相同，均为 2750 米²，适宜为居住用途；故商业用途的建筑面积共计 6000 米²，居住用途的建筑面积共计 44000 米²。

(3) 预计建设期。预计自取得建设用地使用权之日起计算，共需 3 年时间才能建成投入使用，即 2014 年 7 月 1 日建成。

(4) 预测开发完成后的房地产价值。通过市场调研，预计商业部分在建成后可全部售出，居住部分在建成后可售出 30%，半年后可售出 50%，其余 20% 一年后售出；商业部分在出售时的平均价格为 4500 元/米²（建筑面积），居住部分在出售时的平均价格为2500元/米²（建筑面积）。

（5）测算有关税费和折现率。据了解，如果得到该土地，需要按照取得价款的3%缴纳契税等税费。建筑安装工程费预计为1200元/米²（建筑面积）；勘察设计和前期工程费及管理费用等预计为500元/米²（建筑面积）；估计在未来3年的建设期内，建设费用（包括勘察设计和前期工程费、建筑安装工程费、管理费用等）的投入情况如下：第一年需投入20%，第二年需投入50%，第三年投入余下的30%。广告宣传和销售代理费等销售费用预计为售价的3%，在建成前半年开始投入至全部售完为止；两税一费和交易手续费等销售税费预计为售价的6%。折现率选取14%。

（6）求取地价。估价时点为2011年7月1日，将所有的收入和支出均折算到该时间上。

①开发完成后的商业部分价值 = $\dfrac{4500 \times 6000}{(1+14\%)^3}$ = 1822.42（万元）

②开发完成后的居住部分价值 = $2500 \times 44000 \left[\dfrac{30\%}{(1+14\%)^3} + \dfrac{50\%}{(1+14\%)^{3.5}} + \dfrac{20\%}{(1+14\%)^4} \right]$
= 7006.91（万元）

③购地税费总额 = 总地价×3% = 0.03×总地价（万元）

④建设费用总额 = $(1200+500) \times 50000 \times \left[\dfrac{20\%}{(1+14\%)^{0.5}} + \dfrac{50\%}{(1+14\%)^{1.5}} + \dfrac{30\%}{(1+14\%)^{2.5}} \right]$
= 6921.57（万元）

⑤销售费用总额 = $\dfrac{(4500 \times 6000 + 2500 \times 44000) \times 3\%}{(1+14\%)^{3.25}}$ = 268.47（万元）

⑥销售税费总额 = (1822.42+7006.91)×6% = 529.76（万元）

⑦总地价 = 1822.42+7006.91−0.03×总地价−6921.57−268.47−529.76
总地价 = 1077.21（万元）

估价结果：以上述测算结果为主，参考估价师的估价经验，将总地价评估为1078万元。

对房地产开发用地的估价，通常需要给出三种形式的价格，即总地价、单位地价和楼面地价。这样，该块土地2011年7月1日的正常市场价格评估结果为：总地价1078万元，单位地价1078元/米²，楼面地价215.6元/米²。

例5-4比例5-3增加了难度，一是最佳利用方式有居住和商业两部分，二是住宅销售要一年的时间。

销售费用的计算是个难点。如果笼统考虑，不细分在建成时、建成半年后和建成一年后三个时点住宅开发完成价值，则按教材列式计算即可；如果细分在建成时、建成半年后和建成一年后三个时点开发完成价值，则销售费用计算如下。

$$销售费用总额 = \frac{(4500 \times 6000 + 2500 \times 44000 \times 30\%) \times 3\%}{(1+14\%)^{2.75}} + \frac{(2500 \times 44000 \times 50\%) \times 3\%}{(1+14\%)^3} +$$
$$\frac{(2500 \times 44000 \times 20\%) \times 3\%}{(1+14\%)^{3.25}} = 280.02 \text{（万元）}$$

六、假设开发法在房地产投资中的作用

（一）开发商预期利润的测算

例 5-5 估价对象概况：某开发商已取得某宗地 70 年土地使用权，该宗地为"七通一平"空地，面积 3000 米^2，土地价格为 8000000 元，取得土地使用权过程中所支付的法律、估价及登记等费用为地价的 12%。城市规划规定该地块用途为住宅，最大容积率为 4。估算该开发公司在该项目开发建设中的预期利润。

解：评估过程。

（1）该宗地为待开发空地，适宜采用假设开发法估价。

（2）根据规划要求，该宗地的最佳利用方式为修建住宅，容积率为 4。

（3）根据该开发商的市场调查和项目可行性研究，该项工程在取得土地使用权后 3 个月即可动工，建筑时间为 2 年，建成后即可全部售出。根据目前的市场行情，住宅售价预计为 3000 元/米^2，建筑费和专业费预计为 1000 元/米^2，在建筑期间的投入情况为：第一年投入 40%，第二年投入 60%，目前资金贷款年利率为 12%，不动产销售的税费为不动产总价的 6%。

（4）测算开发商预期利润。

①不动产总价 = 3000×3000×4 = 36000000（元）

②建筑费及专业费 = 1000×3000×4 = 12000000（元）

③地价及法律、估价等费用：8000000×（1+12%）= 8960000（元）

④总利息 = 8960000×[（1+12%）$^{2.25}$−1] + 12000000×40%×[（1+12%）$^{1.5}$−1] +
　　　　　12000000×60%×[（1+12%）$^{0.5}$−1] = 3911603（元）

注：地价计息期为 2 年 3 个月即 2.25 年。

⑤销售税费 = 36000000×6% = 2160000（元）

⑥将上述数据代入公式，则

开发商利润 = 36000000−12000000−8960000−3911603−2160000
　　　　　= 8968397（元）

利润占不动产价的百分比 = 896897/36000000 = 24.91%

利润占开发总成本的百分比 = 8968397/（12000000+8960000+3911603+2160000）
　　　　　　　　　　　　= 33.18%

由上述测算可知，该项目投资回报良好，预期利润可观，项目可行。

（二）建筑费及专业费最高控制标准的测算

例5-6 估价对象概况：北京××公司已取得某宗地50年的土地使用权，该宗地为"七通一平"空地，面积1.2万米^2，地价及相关法律、估价等费用为300万元，城市规划规定该宗地用途为工业厂房，最大容积率为1。确定该开发公司在该项目中的建筑费及专业费的最高控制标准。

解：评估过程：

（1）该宗地为待开发空地，适宜采用假设开发法测算。

（2）根据该公司的市场调查和项目可行性研究，该项工程在取得土地使用权后即可开工，建筑时间为两年，建成后即可全部售出，根据目前的市场行情，同类工业厂房的售价预计为1300元/米^2，开发资金的投入为均匀投入，当地目前贷款年利率为12%，开发商要求的利润为不动产总价的18%，不动产销售的税费为不动产总价的6%。

（3）测算建筑费及专业费的最高控制标准。

假设在建筑费及专业费的最高控制额为元。

① 不动产总价 = 1300×12000×1 = 15600000（元）

② 地价及法律、估价等费用 = 3000000（元）

③ 总利息 = 3000000×[（1+12%）^{2}-1] +×[（1+12%）^{1}-1] = 763200+0.12（元）

④ 开发商利润 = 15600000×18% = 2808000（元）

⑤ 销售税费 = 15600000×6% = 936000（元）

⑥ 将上述数据代入公式，则

建筑费及专业费最高控制额 = A-B-C-D-E

= 15600000-3000000-（763200+0.12）-2808000-936000

= 8092800/1.12

= 7225714（元）

单位面积建筑费及专业费控制标准为 7225714/12000×1 = 602.10（元/米^2）

【任务实施】

一、制定估价作业方案

（一）拟采用的估价技术路线和估价方法

房地产估价技术路线就是估价人员模拟房地产价格形成过程、揭示房地产价格内涵时的思路。而房地产估价方法本身也反映了人们对房地产价格形成过程的认识，可以说，每种房地产估价方法都体现了一种技术路线。

土地评估可以采用市场比较法、收益法、假设开发法、基准地价修正法、成本法等。由于估价对象所在区域为住宅区，周边楼盘较多，住宅交易频繁，可先用市场比较法评估开发完成后的房地产价值。又由于估价对象为待开发房地产，且土地利用条件明确，具有投资开发潜力，因此选用假设开发法来评估估价对象的价值。

用估价对象预期开发完成后的价值扣除预计的正常房地产开发成本、费用、利息、利润、税费，以价格余额估算待估土地价格的一种方法。

（二）估价作业步骤和时间、人员、经费安排

表 5-3　　　　　　　　　估价作业步骤和时间、人员、经费安排

序号	作业步骤	完成时间	责任人	经费预算/元
1	现场查勘	4月1日	估价师××助理××	略
2	市场调查	4月1日	助理××	略
3	内业整理	4月2日	助理××	略
4	完成初评报告和初审	4月2日	助理××	略
5	二审	4月3日	估价师××	略
6	三审	4月3日	技术总监××	略
7	打印报告并送件	4月4日	文员××	略
8	存档	4月5日	文员××	略
9	收费	4月6日	业务员××	略

二、搜集估价所需资料

（一）搜集相关法律法规政策信息及技术依据资料

(1)《中华人民共和国土地管理法》；

(2)《中华人民共和国土地管理法实施条例》；

(3)《中华人民共和国城市房地产管理法》；

(4)《中华人民共和国城镇国有土地使用权出让和转让暂行条件》；

(5)《城镇土地估价规程》（中华人民共和国国家标准 GB/T 18508—2014）；

(6)《重庆市国有土地使用权出让和转让办法》；

(7)《重庆市土地管理实施办法》；

(8)《重庆市加强城市基础设施配套费征收管理的暂行规定》；

(9)《重庆市土地管理局关于土地、地籍管理等收费标准的通知》;

(10)《重庆市国有土地使用权有偿出让和转让办法》;

(11) 重庆市土地基准地价及近期有关土地交易资料;

(12) 委托方提供的《重庆市可行性研究报告》。

(二) 估价对象资料

1. 自然状况资料

土地的位置、坐落、四至,土地的面积、形状、平整程度、基础设施开发程度、地质和水文状况。还有土地所在区域或城市的性质。这些资料为估算开发成本费用服务。

2. 政府规划限制资料

调查了解城市规划规定的用途、容积率、建筑密度、建筑高度等指标,为确定最高最佳开发利用方式服务。

3. 土地权利状况

调查了解土地权利性质、使用年限、可否续期、一级对转让、出租、抵押等的有关规定。

(三) 市场信息

目前区域各类型房地产的市场状况,如高层、洋房、别墅、商铺的供求关系、成交量和成交价格,为预测开发完成后的房地产价值服务。

三、实地查勘估价对象

(一) 准备工作

(1) 在实地查勘前要与委托方取得联系,再次确认估价对象地址,确定查勘现场的具体时间和见面地址,并初步了解估价对象的大体情况,确定实地查勘重点。

(2) 通过网络或其他渠道查询估价对象的地址和交通路线图,确定前往方式和路线。

(3) 携带好记录表、签字笔、相机、必要的测量工具、实地查勘表等。

(二) 实地查勘要点

(1) 要注意查勘宗地形状、四至界址,是否平整,宗地外开发程度,宗地内开发程度。

(2) 要注意周边环境,包括周边道路(尤其是主干道)、公交站、标志性建筑、人流量、车流量、商业、医院、学校、景观等。

(三) 填写查勘表

表 5-4　　　　　　　　　　　土地估价现场查勘表

现场勘察人	委托方		勘查日期	
	银行		评估基准日	
	评估公司			
委托方	名称			
	联系人			
	联系电话			
	地址			
估价对象	产权人			
	位置			
	面积			
	用途			
	产权证号			
	四至			
宗地外基础设施状况	供电			
	供水			
	排水			
	通讯			
	通路			
	供暖			
	供气			
宗地利用情况	宗地内开发程度			
	临路状况			
	交通状况	距火车站距离		
		距汽车站距离		
		距码头距离		
		公交状况		
	环境状况			

续表 5-4

宗地利用情况	地质状况				
	自然灾害状况				
	规划限制				
	周边土地利用状况				
建筑物状况	建筑物名称	面积	用途	建筑结构	建成年代
宗地它项权利状况					
区域房价、租金水平					
开发成本、相关规费调查					

资料搜集（复印件要与原件核对）	材料名称（复印件）	备注
	委托方、产权人企业法人营业执照	根据具体项目收集相应材料
	国有土地使用证	
	国有土地出让合同	
	宗地规划设计要点或相关规划文件（规划局批准）	
	建设用地规划许可证	
	建设工程规划许可证	
	建筑工程施工许可证	
备注		

（四）现场拍照

(1) 要尽量将整个地块的状况拍下来，可进行远距离拍摄。

(2) 宗地内的道路、植被、建筑物和构筑物。

(3) 宗地周边道路、住宅、商业等。

图 5-3 宗地位置及宗地内状况

四、测算估价对象价值

1. 选取最高最佳利用方式

估价对象为二类居住用地，积率达到最高，即 1.85，则建筑面积为 37 万米^2；产品类型有高层、洋房、商铺等，根据市场供求等信息，项目适合开发为洋房、高层和底商，建筑面积分别为 6.66 万，29.6 万，0.74 万米^2。

2. 预计建设期

开发建设期 2 年，销售期 1 年。在开发建设期内，勘察设计和前期工程费在建设期初一次性投入；建安工程费和管理费第一年投入 60%，第二年投入 40%。

3. 测算折现率

折现率包括投资利息率和开发利润，这里取值 10%。

4. 预测开发完成后的房地产价值

预计高层建成后可售出 30%，半年后可售出 50%，其余 20% 一年后售出；洋房建成后可售出 40%，半年后可售出 40%，其余 20% 一年后售出；商铺建成后可售出 30%，半年后可售出50%,其余20%一年后售出。

$$高层价值 = 29.6 \times 6000 \times \left[\frac{30\%}{(1+10\%)^2} + \frac{50\%}{(1+10\%)^{2.5}} + \frac{20\%}{(1+10\%)^3}\right] = 140692.882 \text{（万元）}$$

$$洋房价值 = 6.66 \times 6300 \times \left[\frac{40\%}{(1+10\%)^2} + \frac{40\%}{(1+10\%)^{2.5}} + \frac{20\%}{(1+10\%)^3}\right] = 33400.678 \text{（万元）}$$

$$商铺价值 = \frac{0.74 \times 15000}{(1+10\%)^2} = 9173.554 \text{（万元）}$$

开发完成后房地产价值 = 140692.882 + 33400.678 + 9173.554 = 183255.502（万元）

5. 测算相关成本、税费

勘察设计和前期工程费为300元/米^2；洋房、高层和商铺的建安工程费分别为2300元/米^2、1800元/米^{2}和1800元/米^2；管理费用为建安工程费的3%；销售费用为开发完成后房地产价值的2%，销售费用在建成前半年开始投入至全部售完为止；土地取得契税为取得价的3%；销售税费预计为售价的6%。

勘察设计和前期工程费 = 37 × 300 = 11100（万元）

$$建安工程费和管理费 = (29.6 \times 1800 + 6.66 \times 2300 + 0.74 \times 1800) \times \left[\frac{60\%}{(1+10\%)^{0.5}} + \frac{40\%}{(1+10\%)^{1.5}}\right]$$

$$= 64251.070 \text{（万元）}$$

$$销售费用 = (29.6 \times 6000 + 6.66 \times 6300 + 0.74 \times 15000) \times 2\% \times \frac{1}{(1+10\%)^{2.25}}$$

$$= 3722.759 \text{（万元）}$$

销售税费 = 183255.502 × 6% = 10995.330（万元）

土地取得税费 = 0.03V

6. 计算估价对象的价值

V = 183255.502 − 11100 − 64251.070 − 3722.759 − 10995.330 − 0.03V

  = 90472.18（万元）

任务二　基准地价修正法评估地价

【学习目标】

知识目标

(1) 熟悉基准地价修正法的含义。
(2) 了解基准地价修正法的理论依据。
(3) 了解基准地价修正法适用的估价对象。
(4) 掌握基准地价修正法估价需要具备的条件。
(5) 掌握基准地价修正法估价的操作步骤。
(6) 掌握基准地价修正法的基本公式。

技能目标

(1) 能制定估价作业方案。
(2) 能列出估价所需资料。
(3) 能完成估价对象的实地查勘。
(4) 能运用基准地价修正法测算出估价对象的价值。

【任务描述】

基准地价修正法是一种间接的估价方法，其估价结果的准确性主要取决于基准地价及其修正体系的准确性。这一特性也决定了该方法通常只能作为一种辅助方法，而不能作为土地评估中的主要评估方法。由于在不同的城镇，基准地价的内涵、构成、表达方式等有可能不同，因此在运用该方法的过程中具体应调整的内容和方法也可能不同。下面以重庆市为例说明基准地价修正法的具体应用。

用基准地价修正法评估土地价值的步骤如图 5-4 所示。

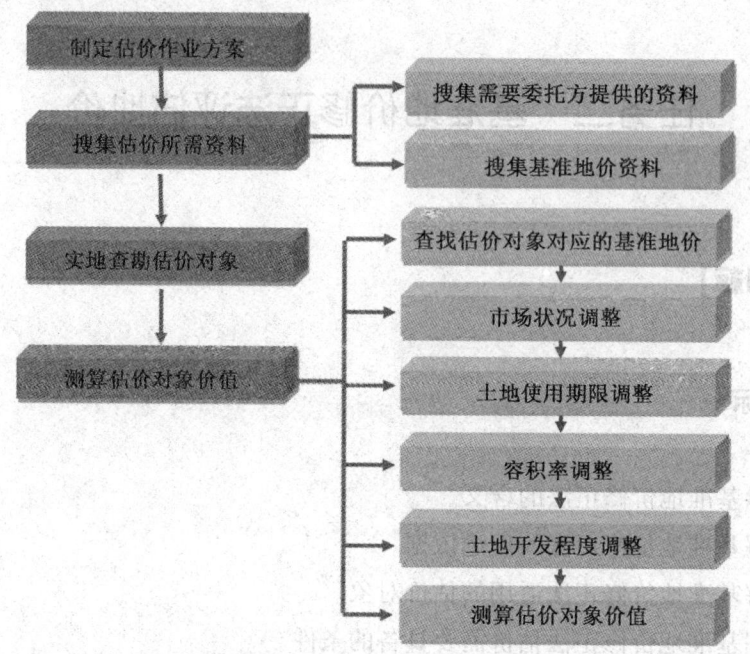

图 5-4 用基准地价修正法评估土地价值的步骤

【知识平台】

一、基准地价修正法的含义

基准地价修正法评估地价主要是利用城镇基准地价和基准地价修正系数等评估成果，将待估宗地的区域条件和个别条件等与其所处区域的平均条件相比较，并对照修正系数表选取相应的修正系数对基准地价进行修正，来求得待估宗地在估价时点的价格。

基准地价是按照城市土地级别或均质地域分别评估的商业、住宅、工业等各类用地和综合土地级别的土地使用权的平均价格。

二、基准地价的特点

（1）基准地价是土地使用权价格。

（2）基准地价一般都要覆盖整个城市建成区，城市内的任何一个区域，应有至少一种用途类型的基准地价。

（3）基准地价是单位土地面积的地价。

（4）基准地价具有现实性，是评估出的一定时期内的价格。

三、基准地价修正法的适用范围

适用于已公布基准地价的城市的宗地地价评估。特别适用于土地出让底价、土地抵押价格、课税地价和国有企业兼并等行为中的土地资产评估。完成基准地价评估的城镇中的土地估价。

四、基准地价修正法的基本公式

宗地地价=待估宗地对应的基准地价×市场状况调整系数×区位调整系数×用途调整系数×土地使用期限调整系数×容积率调整系数×土地开发程度调整系数×其他因素调整系数

因基准地价的内涵、表达方式等在不同的城镇可能不同，所以基准地价修正法估价中具体调整的内容和方法会有所不同。

【任务实施】

在任务一假设开发法评估地价中已经完成了估价作业方案、资料搜集、实地查勘，需要补充的工作是搜集重庆市基准地价相关资料，包括重庆市基准地价级别册和重庆市基准地价表。下面进行估价对象价值的测算。

1. 计算待估宗地单价

待估宗地单价=住宅用地基准地价×市场状况调整系数×土地使用期限调整系数×容积率调整系数×土地开发程度调整系数

2. 查找待估宗地对应的基准地价

根据重庆市基准地价表和重庆市基准地价级别册，待估宗地对应的基准地价为1777元/米²。

3. 计算修正系数

（1）市场状况调整系数 K_1。

重庆市基准地价对应的估价基准日为 2010 年 1 月 1 日，而待估宗地的估价基准日为 2015 年 4 月 1 日，中间经历了 5 年零 1 个季度，这段时间土地市场价格发生了较大的变化，所以需要做期日修正。根据中国城市地价动态监测网公布的重庆地价水平可以整理得到表 5-5，重庆市住宅用地出让均价从 2010 年前的 2898 元/米²，增长到估价基准日的 4059 元/米²，价格涨幅为 18.25%，所以期日修正系数 $K_1=1.4$。

表 5-5　　2010—2015 年 1 季度重庆市地价水平表　　元/米²

年度	综合	商服	住宅	工业
2010 年	2510	6473	2898	557
2011 年	2787	7202	3239	572
2012 年	2803	7206	3264	572
2013 年	4029	8445	3921	564
2014 年	4123	8572	4030	570
2015 年 1 季度	4149	8614	4059	571

数据来源：中国城市地价动态监测网。

（2）土地使用期限调整系数 K_2。

待估宗地的剩余使用年限为 50 年，而住宅用地基准地价使用年限为 70 年，因此需要进行使用期限调整。土地还原利率取 6%。土地使用期限调整系数公式如下。

$$K_2 = \frac{1-\dfrac{1}{(1+6\%)^{50}}}{1-\dfrac{1}{(1+6\%)^{70}}} = 0.962$$

（3）容积率调整系数。

估价对象宗地容积率为 1.85，根据容积率修正系数表，容积率调整系数 $K_3 = 0.855$。计算方法为设 $y = ax + b$，用（1.5，0.75）和（2，0.90）计算出 $a = 0.3$，$b = 0.3$，则当 $x = 1.85$ 时，$y = 0.855$。

表 5-6　　容积率修正系数表

容积率	用途		
	商业	住宅	工业
0.25	0.80	0.75	1.00
0.50	0.80	0.75	1.00
1.0	0.80	0.75	1.00
1.5	0.80	0.75	1.05
2.0	1.00	0.90	1.12
2.5	1.38	0.95	1.20
3.0	1.70	1.00	1.30
3.5	2.15	1.21	1.30

续表 5-6

容积率	用途		
	商业	住宅	工业
4.0	2.63	1.34	1.30
4.5	2.63	1.45	1.30
5.0	2.63	1.57	1.30
5.5	2.63	1.69	1.30
6.0	2.63	1.81	1.30
6.5	2.63	1.81	1.30
7.0	2.63	1.81	1.30

（4）土地开发程度调整系数。

重庆市基准地价土地开发程度为宗地外五通（通上下水、通电、通路、通讯、通气），宗地内五通一平（通上下水、通电、通路、通讯、通气及平整场地）。待估宗地的土地开发程度为宗地外五通，宗地内缺通下水，缺通讯，根据成熟度修正系数表，土地开发程度调整系数为 $K_4=0.94$。

表 5-7　　　　　　　　　　成熟度修正系数表

土地开发程度	修正系数/%		
	商业	住宅	工业
缺通路	-7	-6	-6
缺通上水	-3	-3	-4
缺通下水	-3	-3	-5
缺通电	-7	-5	-7
缺通讯	-3	-3	-3
缺通气	—	-5	
缺场地平整	-7	-6	-5

4. 计算待估宗地地价

待估宗地土地使用权单价 = 1777×1.4×0.962×0.855×0.94 = 1923.47（元/米²）

待估宗地土地使用权总价 = 1923.47×20 = 38469.40（万元）

【练习题】

1. 现评估一个半年前停工的在建工程价值，经测算，完成全部工程建造费用为

1500元/米²，其中主体工程900元/米²，安装及装修工程费为600元/米²。该在建工程主体部分已完成，未施工的安装及装饰装修工程按原设计要求在一年内完成，未完成部分的费用均匀投入。若折现率为15%，请计算该在建工程在估价时点的续建费用。

2. 某房地产开发项目建筑面积为3850米²，建设期2年，根据市场调查分析，该项目建成时可售出50%，半年和一年后分别售出30%和20%，出售时的平均单价为2850元/米²，折现率为15%。请计算开发完成后的房地产与建设期的价值。

3. 某房地产的土地取得成本为1000万元，开发成本为3000万元，管理费用为200万元，销售费用为300万元，开发利润为500万元，请计算该房地产的投资利润率。

4. 某估价对象为一块待开发的土地，该地块适宜为商业用途，目前该类物业无风险报酬率为5%，风险报酬率为安全利率的60%，请计算该物业的报酬率。

5. 城镇基准地价内涵包括（　　）。
   A. 容积率　　　　B. 土地使用税　　　C. 土地开发程度
   D. 土地使用年限　E. 征地补偿费

项目六　估价报告写作

【学习目标】

知识目标

（1）熟悉房地产估价报告的内容。
（2）掌握房地产估价报告撰写的格式要求。
（3）了解房地产估价报告常见错误与注意事项。

技能目标

（1）能正确撰写房地产估价报告。
（2）能准确修改房地产估价报告。

【项目概述】

撰写各项目的房地产估价报告。

【任务描述】

房地产估价报告是指专业房地产估价人员,根据特定的估价目的,遵循公认的估价原则,按照严谨的估价程序,运用科学的估价方法,在对影响估价对象价值的因素进行综合分析的基础上,对估价对象在估价时点的价值进行估算和判定的总结性文本。

【知识平台】

一、房地产估价报告的格式与主要内容

房地产估价报告包括封面、目录、致估价委托人函、注册房地产估价师声明、估价假设和限制条件、估价结果报告、估价技术报告、附件8个方面。

(一) 封面

封面是估价报告的首页,同时也是估价机构最直接的对外宣传企业形象的窗口,所以大多数估价机构都会印制统一的封面底版,并在封面上加上公司LOGO(商标)、联系电话、地址等信息,以起到广告宣传作用。估价报告封面包括:估价报告名称、估价项目名称、估价委托人、估价机构(名称)、注册房地产估价师(姓名、注册号)、估价作业日期(具体到日)、估价报告编号7项基本内容。

(二) 目录

目录通常按照先后顺序列出估价报告的各级标题及对应的页面,在报告中起到提纲挈领的作用,可以让使用者对报告的大致内容有总体的了解。估价报告目录应包括标题(目录)、致估价委托人函、注册房地产估价师声明、估价假设与限制条件、估价结果报告、估价技术报告和附件,其中结果报告和技术报告要列到二级标题。

(三) 致估价委托人函

致委托人函相当于给委托人的一个书面答复。既然是书面答复,根据《房地产估价报告评审标准(试行)》要有标题、估价委托人名称或者姓名、估价目的、估价方法(名称)、估价对象(名称、坐落、范围、规模、用途、权属)、估价时点、价值类型(名称)、估价结果(总价、单价)、估价机构名称和盖章、致函日期10项。

(四) 注册房地产估价师声明

在《房地产估价规范》附录中有"估价报告的规范格式",其中给出的"估价师声明"参考内容如下。

我们郑重声明:

(1) 我们在本估价报告中陈述的事实是真实和准确的。

(2) 本估价报告中的分析、意见和结论是我们自己公正的专业分析、意见和结论，但受本估价报告中已经说明的假设和限制条件的限制。

(3) 我们与本估价报告中的估价对象没有（或有已载明的）利害关系，也与有关当事人没有（或有已载明的）个人利害关系或偏见。

(4) 我们依照中华人民共和国国家标准《房地产估价规范》（以下简称《规范》）进行分析，形成意见和结论，撰写本估价报告。

(5) 我们已（或没有）对本估价报告中的估价对象进行了实地查勘（在本声明中清楚地说明哪些估价人员对估价对象进行了实地查勘，哪些估价人员没有对估价对象进行实地查勘）。

(6) 没有人对本估价报告提供重要专业帮助（若有例外，应说明提供重要专业帮助者的姓名）。

(7) 其他需要声明的事项。

参加本次估价的注册房地产估价师签名、盖章（至少有一名）。

（五）估价假设和限制条件

《规范》附录第 A.0.5 提出，在估价假设和限制条件中要说明四项内容：①本次估价的假设前提；②未经调查确认或无法调查确认的资料数据；③估价中未考虑的因素和一些特殊处理及其可能的影响；④本估价报告使用的限制条件。

（六）估价结果报告

估价结果报告包括：标题、估价委托人、估价机构、估价对象、估价目的、估价时点、价值定义、估价依据、估价原则、估价方法、估价结果、估价人员、估价作业日期、估价报告使用期限 14 项内容。如果是房地产抵押估价报告，还应包括法定优先受偿权、变现能力分析及市场风险提示。

（七）估价技术报告

估价技术报告包括估价对象实物状况描述与分析、估价对象权益状况描述与分析、估价对象区位状况描述与分析、市场背景描述与分析、最高最佳利用分析、估价方法适用性分析、估价测算过程和估价结果确定 8 个方面。

(1) 前面三个属于估价对象状况描述与分析，类似于市场比较法中房地产状况调整的实物状况、权益状况和区位状况。

(2) 市场背景描述与分析则类似于市场比较法中的交易日期修正，需分析估价对象以外的市场因素对其价值的影响。

(3) 最高最佳利用分析是对前面估价原则的一个补充。

(4) 估价方法适用性分析、估价测算过程在前面章节已经有详细论述，这里不再赘述。

(5) 估价结果确定。按规范要求，在估价过程中最少要用两种估价方法（特殊情况下也可以只用一种估价方法，但要说明陈述理由）。不同的估价方法对应的估价结果肯定存在差异，如何确定最终的估价结果呢？通常的做法是对两个（或多个）估价结果算数平均或者加权平均。如果给予两个结果的权重不一样，必须说明理由。

(八) 附件

附件要与目录记载内容一致，通常包括以下资料：估价委托书、估价对象位置图、内外部状况以及周围环境和景观的照片、权属证明复印件、估价机构资质证书和营业执照复印件、估价师注册证书复印件等。根据估价实际的需要，估价人员也可以适当增加部分资料放在附件中。

二、房地产估价报告常见错误与注意事项

(一) 报告书结构方面的错误

(1) 报告书漏项。例如，缺少估价时点、法人代表签字、估价原则、评估依据、报告有效期、缺附件等。

(2) 报告书用语不规范。例如，将估价时点写成估价时间，"坐落"写成"座落"等，或者用抒情语言。

(3) 估价时点设定不正确。如拆迁评估应当设定在拆迁许可证颁布之日，而不是实地查勘之日。对原估价结论有异议的评估，时点应为原报告书时点。期房价值时点是现在。

(4) 报告有效期除说明一年外，还要说明从何时计算，或者有效的时间段。

(5) 估价对象分析时描述不全（应从区位、权益、实物状况三方面说明）。

(二) 估价对象描述不全

(1) 缺少房地产权益状况描述。例如，没说明土地使用权性质、土地取得时间、已使用年限，剩余年限、房屋所有权情况等。

(2) 土地实物描述不全面。例如，没说明坐落、地形、地势、四至环境、土地开发利用状况。

(3) 建筑物实物描述不全面。例如，没说明分栋建筑面积、规划条件等。

(4) 区位状况描述不具体。例如，位于一栋建筑物中的某一套待估房地产区位状况中未说明楼层朝向。

(5) 租赁情况交代不清。例如，没说明租金标准、租赁期限。

(三) 选用的估价方法不妥

应根据估价对象类型、估价方法适用的对象、搜集到的资料来确定。例如，有收益的应当优先选用收益法，比较实例多的应优先用市场比较法，抵押的优先成本法，拆迁的用市场比较法，在建工程用假设开发法，等等。

(四) 各种评估方法中的错误

1. 市场比较法应用中常见错误与注意事项

(1) 可比实例选择不当。例如，地段要相近，用途、交易类型要相同，实例的面积不能过大过小、规模应当在估价对象规模的 1.5~2 倍范围内，装修设备应当相当。权利性质要相同，交易日期与估价时点要接近，不能相隔过长（如超过 1 年），等等。可比实例数量要 3 个以上。

(2) 可比实例的币种未说明，或未化成同一币种。

(3) 建立价格可比基础时，汇率选择错误（应按可比实例成交时的汇率）。

(4) 非正常交易情况的要进行交易情况修正，修正时要注意，拍卖、招标的并不一定比协议价格高，如有部分费用转嫁的要进行修正。

(5) 日期修正计算错误。

(6) 区域因素修正时，可比实例应当是原成交日期的状况，估计对象是估价时点的状况。

(7) 因素修正时，将修正方向搞反，分子分母颠倒，土地未作年期修正。

(8) 在比较情况说明时判断有差异应予修正，但在实际计算中未修正，或情况说明表中无差异，而计算时却修正了。

(9) 修正幅度过大，单项修正超过 20%。

(10) 计算结果有错。例如，只考虑了地上部分的价格，未计算出地下车库的价格，遗漏了部分房地产的价值。

(11) 不同性质的房地产（如居住、工业等），其因素修正时选取的侧重点和权重应不同。

2. 收益法应用中常见错误与注意事项

(1) 收益是通过租赁收入计算，如果通过商业收入计算，则费用计算时要扣除商业利润。

(2) 出租房地产的租赁收入除租金外，还应包括租赁保证金或者押金的利息收入。

(3) 求有效毛收入时，除有租约限制的外，都要采用客观收入（不能仅依据估价对象实际收入或某一个案例的收入情况确定）。

(4) 如果有已出租（已签租赁合同）情况，要根据租赁合同的约定，分租赁期内（采用约定租金）和租赁期外（采用市场租金）两种情况，按不同的租金标准分别计算。

（5）要分析未来收益变化的趋势，不能只看当前收益情况。

（6）采用市场比较法求客观收入时，几个比较实例应与估价对象有可比性。

（7）计算潜在毛收入时套用的天数错误、面积错误（应扣减的未扣减），按使用面积计租的，要按使用面积系数将建筑面积换算成使用面积后再计算租金。

（8）计算有效毛收入时未考虑（或只有部分考虑了，漏掉另一部分）空置率（或入住率、出租率），如果空置率为0或者入住率为100%就不合理，至少要说明原因。

（9）无形收益不应单独计算，而应当通过选取较低的报酬率来体现。

（10）计算费用时，出租的房地产，房产税应按租金×12%计算。

（11）计算费用时要根据和约上是否转嫁了部分费用，来决定是否有漏项或者多项。

（12）某些计费基数未说明基数数值的来源。

（13）计算管理费时，押金的利息不应计算管理费。没说明当地规定的管理费中是否包括水、电、汽、热等费用。

（14）计算保险费时，应按建筑物现值为计算基数，而不是重置价值或年租金收入。

（15）资本化率的选取未说明求取方法和来源。

（16）报酬率选取不当（应选取一年期定期存款利率或一年期国债利率做无风险报酬率。再加上风险补偿等）。

（17）收益年限的确定未说明来源（一般是因为前面缺少权利描述造成的），收益年限确定错误，当建筑物耐用年限和土地剩余年限不一致时，处理方式也不同。

（18）计算公式错误，或计算过程错误。

（19）最终综合确定估价结果时没说明理由。

（20）评估结论没有大写。

（21）将价格类型说错（比准价格、收益价格、积算价格）。

（22）抵押评估时，未说明未来市场变化风险和短期强制处分等因素对抵押价值的影响。

3. 假设开发法应用中常见错误与注意事项

（1）不同类型的房地产应依据市场情况分别估算未来市价，一般通过市场比较法、长期趋势法、收益法。

（2）开发的明确要说明理由。如根据类似开发项目用市场比较法得出，或按定额规定查得。

（3）投资利润和投资利息只有静态计算方法时才使用。动态方法时只要扣除在建成本、管理费用、销售税费、买方购买税费四项内容。

（4）不能遗漏应扣除项（如开发利润）。评估毛地时还应扣除拆迁安置费。

（5）利息计算时，销售税费不能计算。

（6）利息计算时，均匀发生的续建费用等计息在期中，即要将时间段除以2。

（7）销售税费只能以开发完成后的房地产价值为基数计算，不能以续建成本等为基数计算。

（8）开发利润估算时，要注意计算基数与利润率的对应。

4. 成本法应用中常见错误与注意事项

（1）费用构成不完整、漏项（如缺正常利税、未考虑销售税费）。

（2）取费时采用的是项目实际发生额，未说明是否符合当地现时社会一般成本（即要区分实际成本和客观成本、采用重置成本，不能用重建成本）。

（3）成本法计算贷款利息时应用复利，不能用单利。基数为土地取得成本+开发成本+管理费用。

（4）成本法计算贷款利息时计算期有错。

（5）计算公式有错（积算价格=重新购建价格−折旧）。

（6）要根据市场供求分析为来最终确定评估值（体现在经济折旧的确定上）。

（7）开发利润计算时，不同的利润率要对应不同的计算基数。

直接成本利润率对应的基数（土地取得成本+开发成本）；

投资利润率对应的基数（土地取得成本+开发成本+管理费用）；

成本利润率对应的基数（土地取得成本+开发成本+管理费用+销售税费）；

销售利润率对应的基数（开发完成后的房地产价值）。

（8）折旧年限确定错误。

（9）未考虑建筑物经济寿命对建筑物价值的影响。计算折旧时，建筑物的经济寿命从建筑物竣工验收合格之日起计：①建筑物经济寿命早于土地使用年限，按建筑物经济寿命计；②建筑物经济寿命晚于土地使用年限，按建筑物实际经过年数加上土地使用权剩余年限计算折旧。

参考文献

[1] 国家质量技术监督局,中华人民共和国建设部.中华人民共和国国家标准:房地产估价规范:GB/T 50291—2015[S].北京:中国建筑工业出版社,1994:2.

[2] 国家质量监督检验检疫总局,国家标准化管理委员会.城镇土地估价规程:GB/T 18508-2014[S].北京:中国标准出版社,2014:3.

[3] 中国房地产估价师与房地产经纪人学会.房地产估价理论与方法[M].北京:中国建筑工业出版社,2011.

[4] 中国房地产估价师与房地产经纪人学会.房地产估价案例与分析[M].北京:中国建筑工业出版社,2011.

[5] 中国房地产估价师与房地产经纪人学会.房地产开发经营与管理[M].北京:中国建筑工业出版社,2011.

[6] 宋良杰.房地产估价实践教程[M].北京:电子工业出版社,2012.

[7] 陈建敏.房地产估价[M].北京:化学工业出版社,2009.

[8] 麻晓芳.房地产估价[M].北京:科学出版社,2010.